「話す・聞く・書く」でアクティブラーニング！

もっと深めよう、ディスカッション

5・6年生

監修　水戸部修治　　絵　オゼキイサム

あかね書房

はじめに

みなさんは日常生活《にちじょうせいかつ》や学習活動の中のさまざまな場面で言葉を使っていることでしょう。では、言葉にはどのような役目があるでしょうか。

まず、自分の思いや考えをまとめる上でとても大切なものとなります。また、感じたり思いえがいたりするなど、言葉によって目に見えないものや今ここにないものをとらえることもできます。そしてさまざまなことを伝えたり、相手の伝えたことを分かったりするためにも言葉はなくてはなりません。

高学年の学習では、こうした言葉をより適切《てきせつ》に用いて、課題を解決《かいけつ》したり考えを効果的《こうかてき》に発信したりする学習がとても多くなってきます。また、自分の考えをよりよく表現《ひょうげん》していくことを通して、自分がこれからどのように成長しようとするのかを考える場面も出てきます。言葉の力は、そうしたさまざまな経験《けいけん》や学習を通してのびていきますし、言葉の力をのばすことでよりよく学習することにもつながっていきます。

本書は、高学年のみなさんが言葉の力を使って学習を進めたり、学習の中で言葉の力を高めたりするためのポイントや手順を分かりやすくまとめたものです。とりわけ、学習の見通しをもって目的に向かい、さまざまな人やものごとと関わりながら深く学んでいく、アクティブラーニングを進めるためにも役立つヒントがもりだくさんです。学習を始めるにあたって学習全体を見通したり、活動を進めていくなかでだいじなことを確《たし》かめたりする際《さい》に、本書をくり返し読んで役立てたりすることで、より深い学びを行うことができるでしょう。

本書をさまざまな学習場面で活用し、言葉の力をさらに高めていただくことを願っています。

平成二十九年三月

文部科学省　教科調査官《きょうかちょうさかん》　水戸部修治《みとべしゅうじ》

もくじ

スピーチ
他己紹介《たこしょうかい》をしよう！ 教えて、あなたのこと …… 6
もっと知りたい！ 自己PR《じこピーアール》 …… 9

ディスカッション
クラスでディスカッションをして、運動会のスローガンを決めよう！ …… 10
やってみよう！ ふせんを使ってアイデア出し …… 13

発表・まとめ
実験結果について、レポートにまとめよう！ …… 14

発表・まとめ
表やグラフを使って、委員会活動を報告《ほうこく》しよう！ …… 20
やってみよう！ アンケートで情報《じょうほう》を集めよう …… 25

ディスカッション
どんなエコがあるか、パネルディスカッションで考えよう！ …… 26
もっと知りたい！ 知識《ちしき》を深めるパネルディスカッション …… 31

スピーチ
演説《えんぜつ》スピーチを聞いて、代表者を決めよう！ …… 32
やってみよう！ 応《おう》えん演説《えんぜつ》をしてみよう …… 35
もっと知りたい！ 選挙ってなに？ …… 37

ディスカッション
ディスカッションで答えを導《みちび》き出そう！ …… 38

ディスカッション
ディベートを通して、歴史の知識《ちしき》を深めよう！ …… 42
もっとくわしく！ 話し合い方法いろいろ …… 49

発表
テーマにそってインタビューをして、報告《ほうこく》スピーチをしよう！ …… 50
もっとくわしく！ 進路ってなんだろう？ …… 57

スピーチ
座右《ざゆう》の銘《めい》を見つけて、自分の生き方について考えよう！ …… 58

ふろく ディベートシート …… 62
さくいん …… 63

この本の見方

この本では、学校で実際《じっさい》にある、スピーチやディスカッションなどの場面《ばめん》について、どのように自分のことばを話したり、友だちのことばを聞いたりすればいいかが学べます。

ディスカッション

クラスでディスカッションをして、運動会のスローガンを決めよう！

一致団結《いっちだんけつ》ということばを入れたいです!!
オー―!!
はい!!
ぼくは、「勝利」ということばを入れたいです
他に意見のある人は、手を挙げてください
ゴゴゴゴゴ
真けん勝負、はどうかな?
はい!!

もうすぐ運動会。みんながやる気を出して取り組めるようスローガンを考えます。ディスカッションで意見を出し合います。

ディスカッションって？

ものごとを決めたり、考えを深めたりする話し合い

ディスカッションは、討論《とうろん》や議論《ぎろん》といった意味の英語です。何人かで集まって、ものごとを決めたり、問題について考えを深めたりするために、話し合いをすることを、こう呼《よ》びます。テーマについて、それぞれが自分の考えやアイデアをまとめ、挙手《きょしゅ》をして、伝え合います。

ディスカッションは、言い合いではありません。他の人のいろいろな意見を受け入れることも大切です。だれでも、どんな意見でも言いやすいように、前向きになれるような場のふんいきをつくって、話し合いを進めていきます。

国語 算数 理科 社会 体育 特別活動

⑩

⑫

この本では、「国語」「算数」「理科」「社会」「体育」「特別活動《かつどう》」の6科目が出てくるよ。関係《かんけい》のある科目には色がついているよ。

ぼくたちが案内《あんない》するよ

ナビじい

こんなことを思ったら読んでみて！

木村英二《きむらえいじ》
あかね小6年2組

班《はん》で話し合うときに、意見を言うのが苦手…
がんばろう！

川口《かわぐち》 修《おさむ》
木村君《きむらくん》のクラスメイト

委員会活動でがんばったこと、伝えたい
みんなに自分のこと知ってほしい！
よろしくね！

山中《やまなか》 雪《ゆき》
木村君《きむらくん》のクラスメイト

みんながどんなことを考えてるのか知りたい！

理科の実験って、なんでやるの？
はじめまして！

谷川洋子《たにがわようこ》
木村君《きむらくん》のクラスメイト

そのテーマでは、どんな順番《じゅんばん》でやるのか、はじめに流《なが》れをしょうかいしているよ。

ナビじぃが、ポイントを解説《かいせつ》してくれるよ！　しっかり読んで役立《やくだ》てよう！

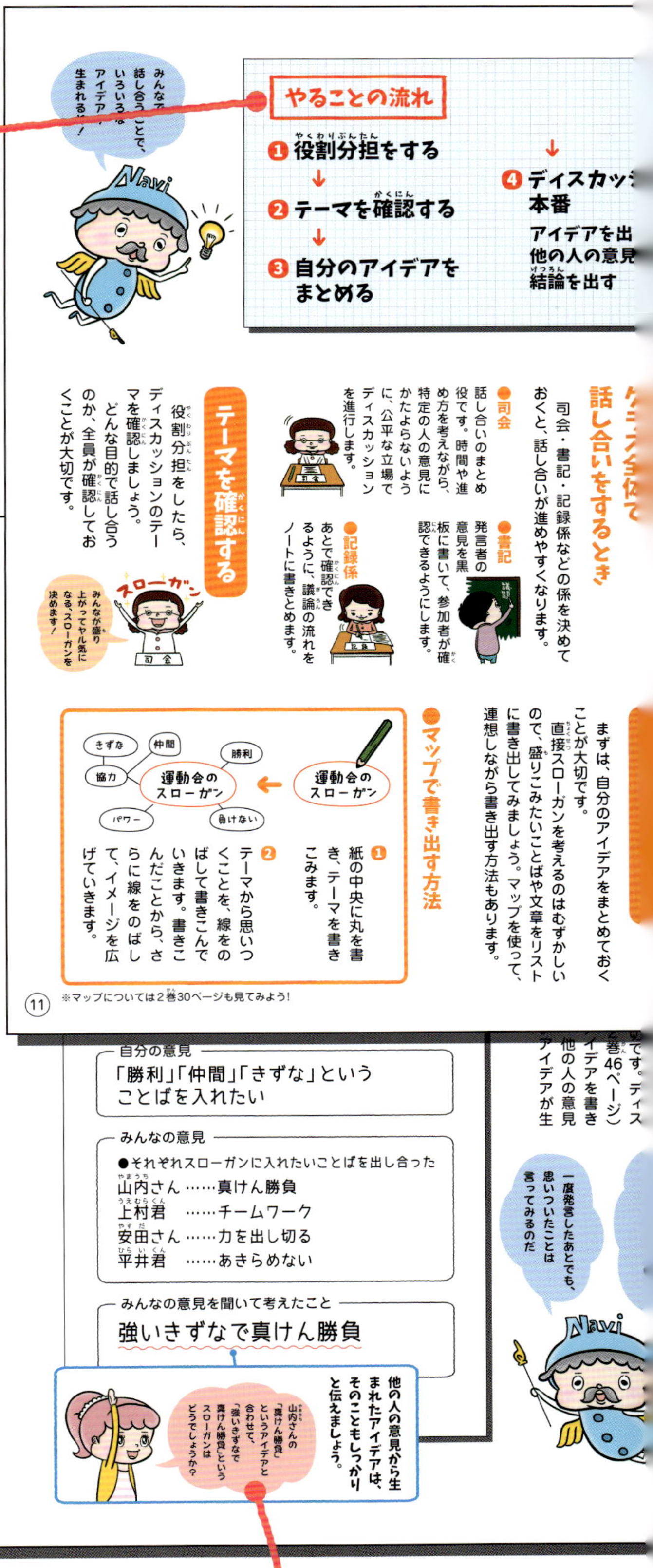

あかね小のみんなのことばを読むと、そんな考え方もあるんだ！って発見《はっけん》があるかも！

テーマによっては、もっと深《ふか》めたり、くわしく知ったりするための、コラムがあるよ。

スピーチ

他《た》己《こ》紹《しょう》介《かい》をしよう！ 教えて、あなたのこと

となりの席の山中雪《やまなかゆき》さんを紹介《しょうかい》します
どんな人かな？
私《わたし》にてるところ、あるかな？
なかよくなれるかな？
きょねんクラスがいっしょだった！

クラスがえの初日。おたがいをよく知るために、他己紹介《たこしょうかい》をすることになりました。ペアを組んで、相手の魅力《みりょく》を伝えます。

他《た》己《こ》紹《しょう》介《かい》って？

自分以外のだれかの魅力《みりょく》を、たくさんの人に伝えるスピーチ

初めて出会った人とは、ふつう、おたがいのことをよく知るために、自己紹介《じこしょうかい》をしあいますね。他己紹介《たこしょうかい》では、他の人に自分を紹介《しょうかい》してもらいます。

他己紹介《たこしょうかい》では、まず、ペアにインタビューをして、その魅力《みりょく》をスピーチして他の聞き手に伝えます。ペアはインタビュアーから見た自分を知ることができます。

質問《しつもん》の内容《ないよう》をしっかりと考えてからインタビューをし、ペアの人がらや特ちょうを伝えられるように、ことばを組み立ててスピーチすることが大切です。

国語 算数 理科 社会 特別活動 体育

流れはわかった?
さっそく
やってみるぞ!
Navi

やることの流れ

1. ペアにインタビューする
↓
2. 「初め・中・終わり」にをまとめる
↓
3. 原稿《げんこう》をつくる
↓
4. 練習をする
↓
5. 他己紹介本番《たこしょうかいほんばん》

ペアにインタビューする

インタビューシートをつくる

ペアのことを知るために、インタビューをします。好きなものや得意なこと、目標など、聞きたいことを考えて、まず、自由帳にインタビューシートをつくっておきます。

インタビューシートの例▼

> **インタビューシート**
>
> インタビュー相手：　　　さん
>
> ●好きなもの
>
> ●得意なこと
>
> ●習いごと・クラブ活動
>
> ●将来《しょうらい》の目標
>
> ●みんなへの一言メッセージ

インタビューをする

インタビューシートができたら、シートをもとにインタビューをします。ペアが話しやすいように、相づちをうって、話を聞きます。

シートに準備《じゅんび》していなくても、思いついたことをどんどん質問《しつもん》しましょう。

実は柔道《じゅうどう》をやっています
うん
いつからやっているのか聞いてみよ!

「初め・中・終わり」にまとめる

表にまとめる

インタビュー内容《ないよう》を伝えたい順番に書き出しましょう。「初め・中・終わり」にまとめると、聞き手にとってもわかりやすいスピーチになります。

初め	中	終わり
あいさつをしたり、スピーチで伝えたいことを簡単《かんたん》に説明したりする。	伝えたいことを、具体的な例を挙げたり、エピソードを紹介《しょうかい》したりして伝える。	伝えたいことを再《ふたた》び言って強調したり、あいさつをしたりする。
●あいさつ ●ペアの名前 ●実は意外な特技《とくぎ》がある	●好きなもの　ハムスター ●得意なこと　料理 ●料理部に入っている ●柔道《じゅうどう》をやっていて、地区大会で優勝《ゆうしょう》した	●ペアからの一言 ●あいさつ　など

※「初め・中・終わり」については、2巻《かん》21ページも見てみよう!

原稿《げんこう》をつくる

「初め・中・終わり」を文章にする

「初め・中・終わり」にまとめたメモをもとに、スピーチ原稿《げんこう》をつくりましょう。順番はそのままで、話すことばの文章に直していきます。

聞き手をひきこめるように、工夫をしながら、原稿《げんこう》を書きましょう。

約1分
Navi
今回のスピーチは、約1分。原稿用紙《げんこうようし》1枚分《まいぶん》が文字数の目安だぞ

初め ／ 中 ／ 終わり

> 山中さんについて
>
> 木村英二《きむらえいじ》です。ぼくは、となりの席の、山中雪《やまなかゆき》さんを紹介《しょうかい》します。インタビューをして、雪《ゆき》さんにはいろいろな魅力《みりょく》があることがわかりました。そして、クラスのみんながびっくりする、ある習い事をしていることもわかりました。
>
> まず、雪《ゆき》さんの好きなものは、ハムスターです。家で3びきも飼《か》っていて、とってもかわいいそうです。得意なことは料理で、学校では料理クラブに入っています。
>
> そんな雪《ゆき》さんの意外な習い事を聞いて、ぼくはおどろきました。なんと柔道《じゅうどう》をやっていて、地区大会で優勝《ゆうしょう》するほどのうで前だそうです。
>
> クラスのみんなとも、いっしょに料理をつくったりして、なかよくなりたいとのことでした。みなさん、よろしくお願いします。

- ペアの名前を最初に紹介《しょうかい》する
- 聞き手がワクワクするように引きつける
- さらに聞き手を引きつける
- ペアが伝えたかったことを、最後に伝える

できあがった原稿《げんこう》を確認《かくにん》する

原稿《げんこう》ができたら、制限時間内《せいげんじかんない》に話し終わるかどうか、時間をはかって確認《かくにん》してみましょう。また、紹介相手《しょうかいあいて》にも聞いてもらって、まちがいがないか確認《かくにん》します。

地区大会で準優勝《じゅんゆうしょう》するほど…
ドキ
ドキ
ちょっとまって、地区大会では優勝《ゆうしょう》したよ

練習をする

原稿《げんこう》を何度もくり返し読んで、大まかな流れを頭に入れます。声の大きさや読むスピードに気をつけて、本番のつもりで練習しましょう。

他己紹介本番《たこしょうかいほんばん》

スピーチをする

スピーチ本番では、次のことに気をつけて話しましょう。

声は、聞き手全員に聞こえる大きさで
聞き手とアイコンタクト
身ぶり手ぶりをまじえる
表情《ひょうじょう》は明るく、笑顔で
聞き取りやすいスピードで話す
わたしは…

質問《しつもん》に答える

聞き手からの質問《しつもん》に答えます。予想される質問《しつもん》の答えは、先に紹介相手《しょうかいあいて》に聞いておきましょう。わからない場合は、紹介相手《しょうかいあいて》から答えてもらいます。

どうして柔道《じゅうどう》をはじめたんですか?
近所のおねえさんにすすめられたそうです

ふり返りをする

紹介相手《しょうかいあいて》や聞き手から感想を聞いて、よかったところやもう少しだったところを確認《かくにん》しましょう。

スピーチ中、表情《ひょうじょう》がかたかったよ
きんちょうしちゃった!

もっと知りたい!

『自己《じこ》PR《ピーアール》』

初対面の人と、おたがいを紹《しょう》介《かい》しあう場面は、学校のなかだけでなく、中学、高校、大学と大人になってからもあります。就職《しゅうしょく》のために面接《めんせつ》を受けるときは、「自己《じこ》PR《ピーアール》」というスピーチをして、会社の人に自分を知ってもらう場合があります。

自分のよさや魅力《みりょく》をわかりやすく伝えて、いっしょに働きたいと考えてもらえるようにアピールする自己紹介《じこしょうかい》のスピーチです。

私《わたし》は英語がとても得意です。なぜなら…
○×株式会社
《面接会場》

ディスカッション

クラスでディスカッションをして、運動会のスローガンを決めよう!

国語　算数　理科　社会　特別活動　体育

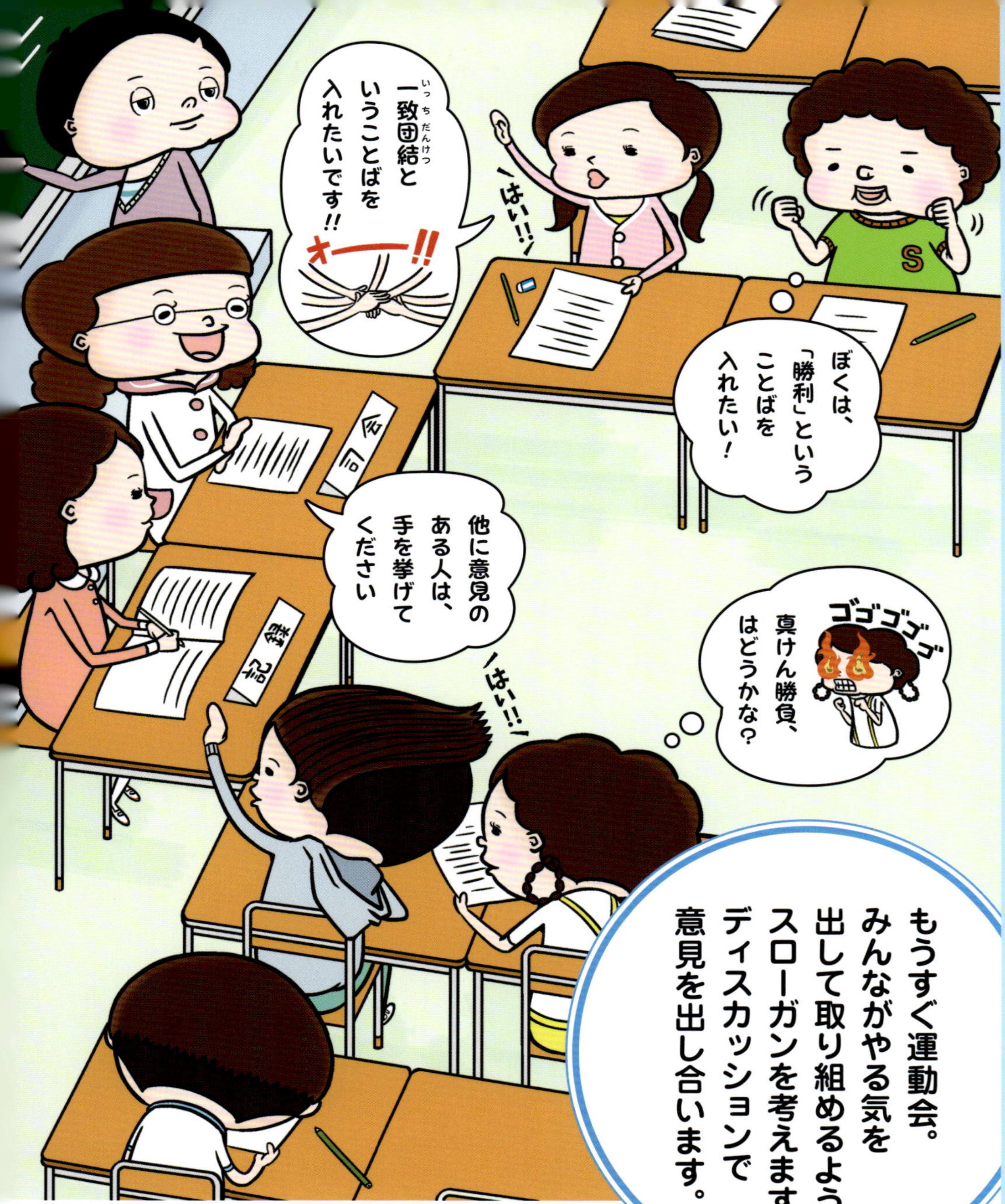

もうすぐ運動会。みんながやる気を出して取り組めるようスローガンを考えます。ディスカッションで意見を出し合います。

ディスカッションって?

ものごとを決めたり、考えを深めたりする話し合い

ディスカッションは、討論《とうろん》や議論《ぎろん》といった意味の英語です。何人かで集まって、ものごとを決めたり、問題について考えを深めたりするために、話し合いをすることを、こう呼《よ》びます。テーマについて、それぞれが自分の考えやアイデアをまとめ、挙手《きょしゅ》をして、伝え合います。

ディスカッションは、言い合いではありません。他の人のいろいろな意見を受け入れることも大切です。だれでも、どんな意見でも言いやすいように、前向きになれるような場のふんいきをつくって、話し合いを進めていきます。

みんなで話し合うことで、いろいろなアイデアが生まれるぞ！
Navi

やることの流れ

1 役割分担《やくわりぶんたん》をする
↓
2 テーマを確認《かくにん》する
↓
3 自分のアイデアをまとめる
↓
4 ディスカッション本番

アイデアを出し合う、他の人の意見を聞く、結論《けつろん》を出す

役割分担《やくわりぶんたん》をする

クラス全体で話し合いをするとき

司会・書記・記録係などの係を決めておくと、話し合いが進めやすくなります。

●司会

話し合いのまとめ役です。時間や進め方を考えながら、特定の人の意見にかたよらないように、公平な立場でディスカッションを進行します。

司会

●書記

発言者の意見を黒板に書いて、参加者が確《かく》認《にん》できるようにします。

議題

●記録係

あとで確認《かくにん》できるように、議論《ぎろん》の流れをノートに書きとめます。

記録

テーマを確認《かくにん》する

役《やく》割《わり》分《ぶん》担《たん》をしたら、ディスカッションのテーマを確認《かくにん》しましょう。どんな目的で話し合うのか、全員が確認《かくにん》しておくことが大切です。

スローガン
みんなが盛《も》り上がってヤル気になる、スローガンを決めます！
司会

自分のアイデアをまとめる

まずは、自分のアイデアをまとめておくことが大切です。

直接《ちょくせつ》スローガンを考えるのはむずかしいので、盛《も》りこみたいことばや文章をリストに書き出してみましょう。マップを使って、連想しながら書き出す方法もあります。

●マップで書き出す方法

1 紙の中央に丸を書き、テーマを書きこみます。

2 テーマから思いつくことを、線をのばして書きこんでいきます。書きこんだことから、さらに線をのばして、イメージを広げていきます。

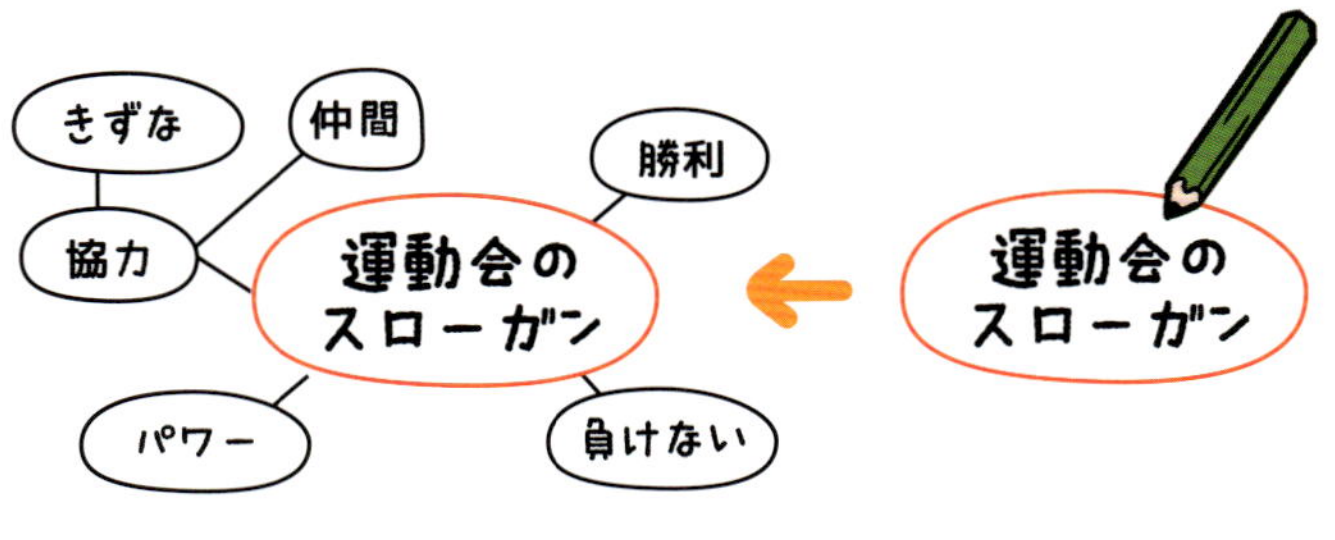
運動会のスローガン
運動会のスローガン
きずな
仲間
勝利
協力
パワー
負けない

※マップについては２巻《かん》30ページも見てみよう！

ディスカッション本番

アイデアを出し合う

それぞれがアイデアをまとめたら、ディスカッションをはじめましょう。

はじめに司会が、あらためてテーマを読み上げて、参加者からアイデアをつのりましょう。

●ディスカッションのポイント

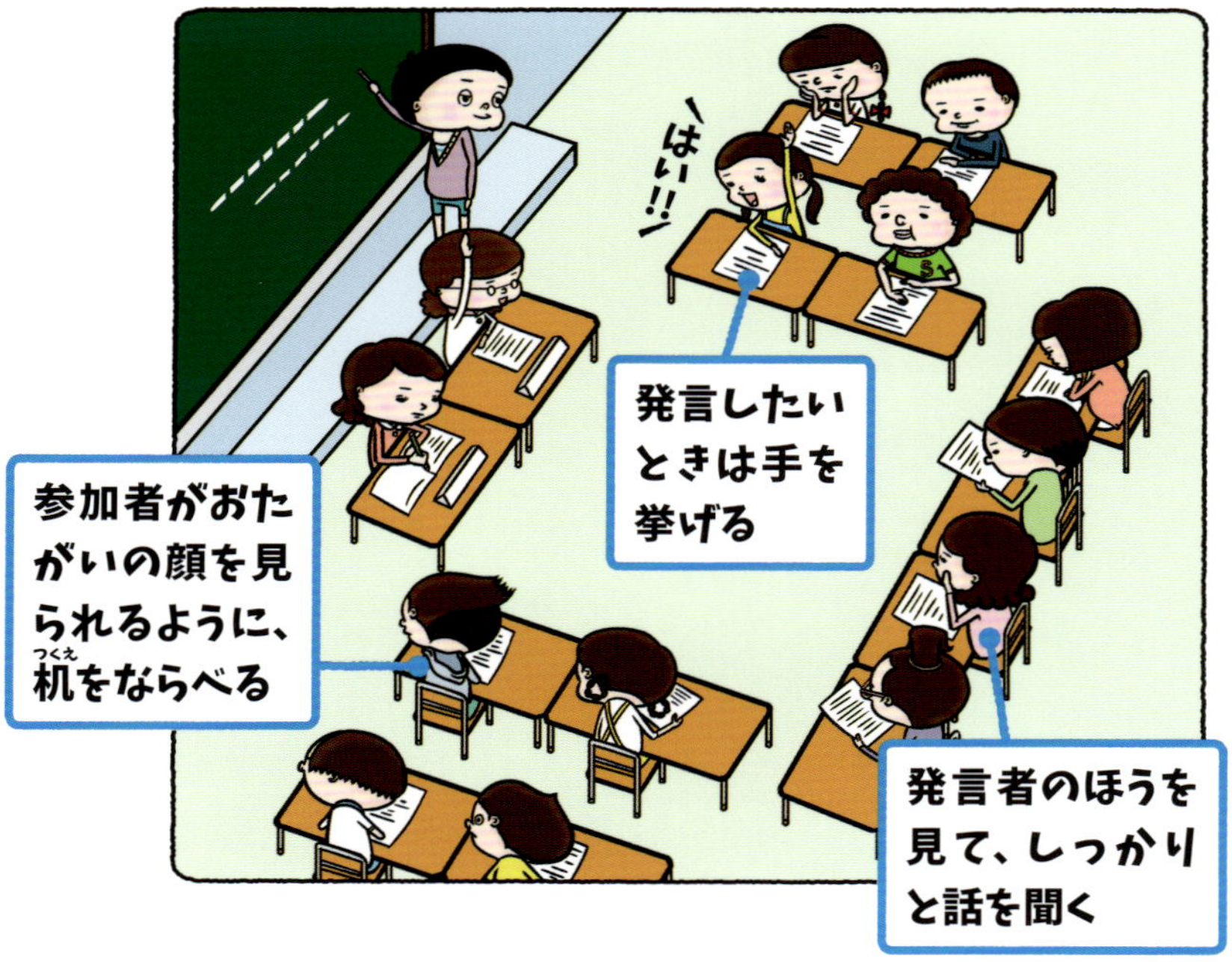
はい!!
発言したいときは手を挙げる
参加者がおたがいの顔を見られるように、机《つくえ》をならべる
発言者のほうを見て、しっかりと話を聞く

他の人の意見を聞く

ディスカッションでは、他の人の意見を聞くことも大切です。ディスカッションシート（２巻《かん》46ページ）を使って、出てきたアイデアを書きまとめてみましょう。他の人の意見を聞くことで、新しいアイデアが生まれます。

他の人の意見を聞いて、思いついたこともあるかな。書き出してみるといいぞ
一度発言したあとでも、思いついたことは言ってみるのだ
Navi

ディスカッションシート

9月8日 名前 山中《やまなか》 雪《ゆき》

テーマ：みんなが盛《も》り上がってヤル気になる運動会のスローガン

自分の意見

「勝利」「仲間」「きずな」ということばを入れたい

みんなの意見

●それぞれスローガンに入れたいことばを出し合った

山内《やまうち》さん……真けん勝負
上村君《うえむらくん》……チームワーク
安田《やすだ》さん……力を出し切る
平井君《ひらいくん》……あきらめない

みんなの意見を聞いて考えたこと

強いきずなで真けん勝負

他の人の意見から生まれたアイデアは、そのこともしっかりと伝えましょう。

山内《やまうち》さんの「真けん勝負」というアイデアと合わせて、「強いきずなで真けん勝負」というスローガンはどうでしょうか?

結論《けつろん》を出す

アイデアが一通り出たら、結論《けつろん》を出しましょう。話し合いの流れのなかで、自然と決まることもありますが、十分に意見が出つくしたら、最後に多数決をして決めてもいいでしょう。

「めざせ勝利！生まれるきずな」がいい人、手を挙げてください

しっかりと話し合ってから多数決をすることで、多くの人が納得《なっとく》しやすくなるぞ

やってみよう！

ふせんを使ってアイデア出し

みんなでアイデアをたくさん出し合うときは、次のようにふせんを活用してみましょう。

❶ テーマについて思いついたことをふせんに書いてはり出す

- 力を出し切る
- 仲 間
- みんながチャンピオン
- チームワーク
- きずな
- 真けん勝負
- 勝 利
- 正々堂々と立ち向かう

一人20枚《まい》などと決めて、とにかくいっぱい出してみるのだ！

❷ ふせんを種類ごとにグループ分けする

似《に》ていることばでグループ分け

- きずな
- 仲 間
- チームワーク

- 力を出し切る
- 正々堂々と立ち向かう
- 真けん勝負

単語か文章でグループ分け

- 仲 間
- きずな
- 勝 利

- 正々堂々と立ち向かう
- みんながチャンピオン
- 力を出し切る

ことばをグループごとに分けて、そのなかからよいものを選んだり、ディスカッションのテーマにふさわしくないことばをはずしたりして、参加者全員で少しずつしぼっていきます。

実験結果について、レポートにまとめよう！

水を温めると、もっとたくさんとかすことができると思う
水を増《ふ》やしたらどうかな？

理科の授業《じゅぎょう》で、水に食塩やミョウバンをたくさんとかす方法を予想しあって、実験をして確《たし》かめました。結果は、レポートにまとめて伝えます。

理科の実験をまとめるレポートって？

実験の内容《ないよう》や結果と、結果からわかることを、まとめたもの

理科の実験では、どんなことが起きたか確《たし》かめて、しっかりと記録をしておくことが大切です。起きたことを観察して正確《せいかく》に記録することで、あとで、どうしてそうなったのかふり返ることができます。

実験後は、結果をもとに、どんなことがわかったか、どんなことが考えられるかを、レポートにまとめます。

実験に参加していない他の人にも伝わるような文章にまとめて、レポートをつくりましょう。

Navi
実験で起きたことは見のがさず、しっかり書きとめるのだ！

やることの流れ

1. 予備実験《よびじっけん》をする
↓
2. 仮説《かせつ》を立てる
↓
3. 仮説《かせつ》を文章にまとめる
↓
4. 確認《かくにん》の実験をする
↓
5. レポートにまとめる
↓
6. レポートを読み合う

予備《よび》実験《じっけん》をする

実験をするときには、作業の流れを確認《かくにん》して、必要なものを用意します。

用意する物

- ビーカー…2つ
- ガラス棒《ぼう》…2本
- 水（常温《じょうおん》）
- 計量スプーン…2つ
- 食塩
- ミョウバン

実験の流れ

同じ量の水が入った2つのビーカーにそれぞれ、食塩とミョウバンを計量スプーンで入れる。ガラス棒《ぼう》でかきまぜてとかし、スプーン何ばいまでとかせるか調べる。

実験結果

食塩は6はい、ミョウバンは2はいとけた。

仮説《かせつ》を立てる

もっとたくさんの量を水にとかすには、どうすればいいでしょうか。仮説《かせつ》を立ててみましょう。自分の身に起きたことなどの経験《けいけん》から考えたり、別の何かにたとえることで想像《そうぞう》してみたりして、仮説《かせつ》を立てます。

とけ残った食塩に似《に》てるものってあるかな？
家のなかで同じようなことがあったような…
ムムッ

仮説《かせつ》を文章にまとめる

それぞれの仮説《かせつ》をことばにして、伝え合ってみましょう。
短い原稿《げんこう》にまとめることで、自分の意見や考え、またその理由などを発表しやすくなります。

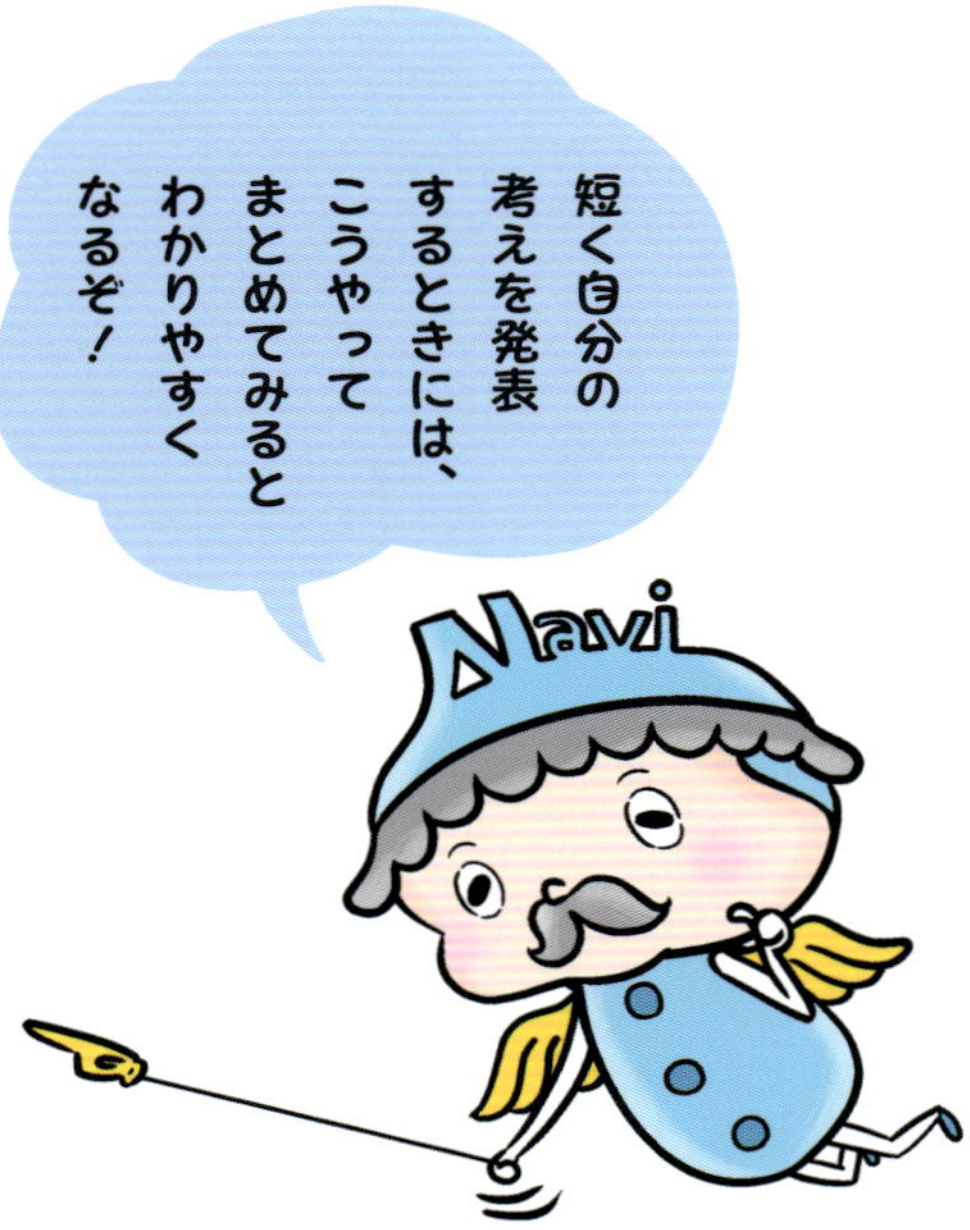
短く自分の考えを発表するときには、こうやってまとめてみるとわかりやすくなるぞ！
Navi

私《わたし》（ぼく）は……すれば
～になると思い（考え）ます。
（なぜなら）～だからです。

川口君《かわぐちくん》の仮説《かせつ》

紅茶《こうちゃ》を飲んだときのできごとから考えたよ

ぼくは、水を温めるともっとたくさんの食塩やミョウバンをとかすことができるかもしれないと考えました。
家で紅茶《こうちゃ》を飲んでいたときに、冷めているととけにくいさとうが、レンジで温めると、とけやすくなったことがあるからです。

川口君《かわぐちくん》の考えは、生活の中であることから考えていて、わかりやすい！
パチパチ
パチパチ

谷川《たにがわ》さんの仮説《かせつ》

満員電車にたとえてみよう……！

私《わたし》は、水をもっと増《ふ》やすと、食塩やミョウバンも、もっとたくさんとかすことができると思います。
とけ残りの出た水は、それ以上人が乗れない満員電車と同じで、新しい電車が来ればまた人が乗れるように、水を増《ふ》やせば、もっととけると思います。

谷川《たにがわ》さんは、水と、水にとかす物を、電車と人にたとえていて、おもしろいな！
グッド！

確認《かくにん》の実験をする

自分の考えが正しいかどうか、実験をして確《たし》かめてみましょう。

●実験の準備《じゅんび》

どんな実験をすればいいかを確認《かくにん》して、道具など、必要な物を用意しましょう。

ぼくは、水の入ったビーカーをお湯につけて、水の温度をはかりながら、どれくらいとけるか調べるよ

用意する物
- お湯
- 温度計
- 熱に強い容器《ようき》

私《わたし》は、ビーカーに決まった量の水を足して、どれくらいとけるかを調べるよ

用意する物
- 目もりつきのカップ
- 水

川口《かわぐち》君《くん》の実験

温度計
熱に強い容器《ようき》
お湯

⚠注意!!
やけどに気をつける。
温度計でまぜない。

❶水の温度が30度のとき

食塩　スプーンで6はいとけた。7はい目は残った。

ミョウバン　スプーンで3ばいとけた。4はい目は残った。

❷水の温度が50度のとき

食塩　スプーンで6はいとけた。7はい目は残った。

ミョウバン　スプーンで5はいとけた。6はい目は残った。

ミョウバンは、水を温めることでよくとけたけど、食塩は変化がなかったよ

谷川《たにがわ》さんの実験

ガラス棒《ぼう》
目もりつきのカップ
100
50
メスシリンダーを使ってもよい

❶水の量が50ミリリットルのとき

食塩　スプーンで3ばいとけた。4はい目は残った。

ミョウバン　スプーンで1ぱいとけた。2はい目は残った。

❷水の量が100ミリリットルのとき

食塩　スプーンで6はいとけた。7はい目は残った。

ミョウバン　スプーンで2はいとけた。3ばい目は残った。

❸水の量が150ミリリットルのとき

食塩　スプーンで9はいとけた。10ぱい目は残った。

ミョウバン　スプーンで3ばいとけた。4はい目は残った。

レポートにまとめる

「初め・中・終わり」にまとめる

実験結果と自分の考えを、「初め・中・終わり」にまとめてから、文章にしていきましょう。

初め	中	終わり
●自分の仮説《かせつ》と、どんな実験をするかなどを、簡単《かんたん》に説明する。	●実験方法 ●実験結果 ●実験を通してわかったこと	●自分の考え ●仮説《かせつ》をきちんと検証《けんしょう》できたか など

実験結果をわかりやすく伝えるために、表やグラフを取り入れてみるといいぞ！
Navi

川口君《かわぐちくん》のレポート

初め

ぼくは、物をできるだけたくさん水にとかす方法について、水を温めると、もっとたくさんとかすことができるかもしれないと考えました。その仮説《かせつ》を確《たし》かめるために、水を温めて食塩とミョウバンをとかす実験をしました。

中

実験方法

水の入ったビーカーをお湯につけて、水の温度を上げました。三〇度のときと五〇度のときに、それぞれ食塩とミョウバンをとかし、スプーンで何はいまでとけたかを調べました。

水の温度 / とかしたもの	30度	50度
食塩	スプーン6はい	スプーン6はい
ミョウバン	スプーン3はい	スプーン5はい

実験結果

実験結果は表にまとめました。表から、食塩は水の温度を上げてもとける量がほとんど変わらないこと、ミョウバンは、水の温度を上げることで、とける量がかなり増《ふ》えるということがわかりました。

終わり

まとめ

この実験で、物によって、水にとけやすくするための方法はちがうのかもしれないと思いました。食塩やミョウバン以外ではどんな結果になるか、実験してみたいと思いました。

見出しをつけて、何について話すかわかりやすくした

結果を表でしめして、見て比《くら》べやすくした

実験結果から考えたことを、最後に書いてまとめた

谷川《たにがわ》さんのレポート

初め　中　終わり

私《わたし》は、物をできるだけたくさん水にとかすには、水の量を増《ふ》やすことが重要だと考えた。水が増《ふ》えればとける量も増《ふ》える、というのは、当たり前のことだが、当たり前だと感じることでも、実験をして本当に正しいかを確認《かくにん》したいと思い、水を増《ふ》やしてとける量を調べる実験をした。

実験では、ビーカーに水を足しながら、食塩とミョウバンがどのくらいとけるか調べて記録した。水が、五〇ミリリットル、一〇〇ミリリットル、一五〇ミリリットルのときに、それぞれどのくらいとけるか確《たし》かめた。

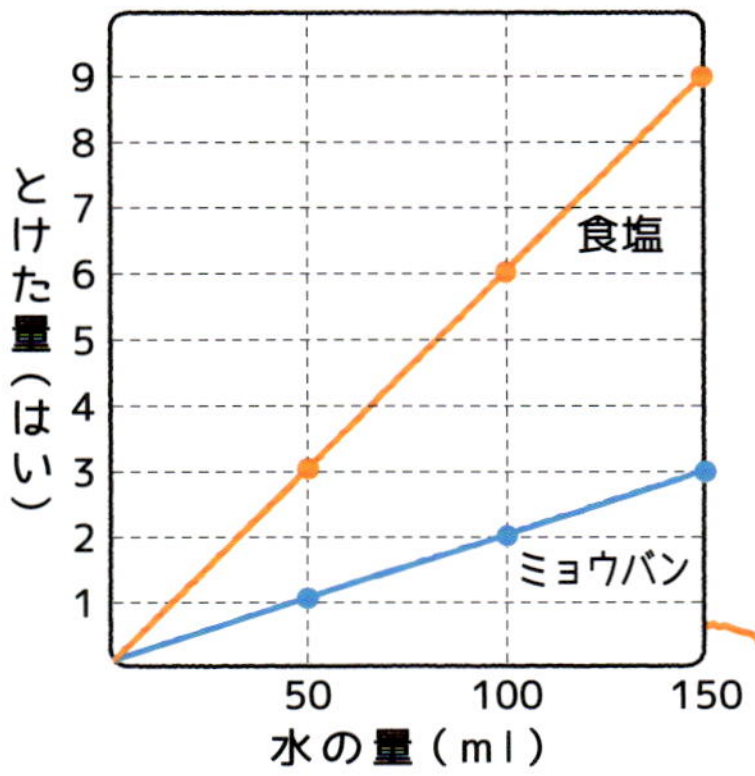

とけた量（はい）
9
8
7
6
5
4
3
2
1
食塩
ミョウバン
50
100
150
水の量（ml）

実験結果は、グラフにまとめた。水の量が変わると、食塩とミョウバンはそれぞれどのくらいとけるのか、見てわかりやすくなった。また、仮説《かせつ》の通り、食塩でもミョウバンでも、水の量を増《ふ》やせば、その分多くとかすことができることが確認《かくにん》できた。

実験によって、仮説《かせつ》が正しいとわかってよかった。他にとけやすくなる方法について、調べてみたいと思った。

「だ・である」の文章で、読みやすくした

結果をグラフで表して、ひと目で見てわかるようにした

自分の仮説《かせつ》が正しかったことをしめした

当たり前のことでも、確《たし》かめることが、理科の実験では大切なときもあるぞ
Navi

レポートを読み合う

おたがいに読み合う

班《はん》などでおたがいのレポートを読み合って、レポートの感想や考えたこと、質問《しつもん》などを出し合ってみましょう。

ぼくも食塩やミョウバンの他にも試してみたいと思った！
さとう
他にとけやすくなる方法は、教科書にのっていたよ
一度とけた物質《ぶっしつ》を取り出すことはできるのかな？
熱々のお湯だったら、食塩もいっぱいとけるのかな？
理科

発表・まとめ

表やグラフを使って、委員会活動を報告《ほうこく》しよう！

委員会活動報告会
「野菜の王国」を聞いて、野菜をもっと食べるようにしようと思いましたか？
全校生徒に取ったアンケート
アンケート回答数615
アンケート実施日6/20（水）
いいえ 123人 20%
はい 492人 80%
これから、放送委員会の活動について、報告《ほうこく》します
どんな活動をしたのかな
お昼の放送、おもしろかったな

学期末の児童会で、それぞれの委員会がどんな取り組みをしたか、発表をします。表やグラフを使って、発表資料《しりょう》も工夫します。

国語　算数　社会　理科　特別活動　体育

委員会活動の報告《ほうこく》って？

委員会で計画したことと、実行したことを、聞く人にわかりやすく知らせること

それぞれの委員会では、学校がみんなにとって、いごこちのいい場所になるように、さまざまな取り組みをしていますね。

自分が所属《しょぞく》している委員会では、学期のはじめに立てた「活動計画」の通り、活動できたでしょうか。また、活動によって、学校のなかではどんな変化があったでしょうか。

さらに、実際《じっさい》に活動をしてみたからこそわかったこともあるでしょう。自分達の活動をふり返って、報告《ほうこく》してみましょう。

また、他の委員会ではどんな活動をしているでしょうか。報告《ほうこく》を聞いてみましょう。

委員会のいろいろな活動のなかから、報告《ほうこく》したいことをしぼってまとめるといいぞ
Navi

やることの流れ

1. 活動をふり返る
↓
2. 報告《ほうこく》したいことをまとめる
↓
3. 原稿《げんこう》をつくる
↓
4. 発表資料《しりょう》をつくる
↓
5. 練習をする
↓
6. 活動報告本番《ほうこくほんばん》

活動をふり返る

活動計画を見直す

自分達が、どんな計画を立てていたのかを、まず確認《かくにん》してみましょう。

▲活動計画表

放送委員会活動計画表

4月

登下校・お昼・そうじの時間に、音楽を流す当番を決める。お昼の校内放送を企画《きかく》する。

5月

お昼の校内放送の準備《じゅんび》をする。

6月

6月1日からお昼の校内放送開始。

お昼の放送番組は、準備《じゅんび》が間に合わなくて、放送開始は6月の下旬《げじゅん》からになっちゃった

活動内容《ないよう》をふり返る

次に、活動のときに記録していたノートを見直して、活動内容《ないよう》をふり返ってみましょう。

放送委員会話し合い

第1回 4月17日（水）

- 登下校・そうじの時間の放送当番を決めた。

第2回 4月24日（水）

- お昼の放送のテーマを決めた。

流行の音楽を流す、学校のニュースを伝えるなどの、意見が出た。給食にちなんだクイズや豆知識《まめちしき》を放送することになった。

給食を楽しんで食べられるように、食べ物に関する内容《ないよう》を放送することにしたんだ
うまい!
MILK

報告《ほうこく》したいことをまとめる

委員どうしで、報告《ほうこく》したいことを出し合う

気がついたこと、成果、反省点など、自由に出し合います。

放送した早口ことばが、1年生の間ではやってたね
ぼく達が企画《きかく》した、お昼の校内放送のこと、報告《ほうこく》したいね
初めての放送のあとにとったアンケートの結果も伝えたいな
野菜をもっと食べるようにしようと思った人が、多かったよね

「初め・中・終わり」にまとめる

話し合いをしながら、報告《ほうこく》したいことを「初め・中・終わり」にまとめていきます。活動の報告《ほうこく》で大切なのは、取り組みと成果です。わすれずに盛りこみましょう。

取り組み
お昼の校内放送をはじめた。

←

成果
給食の時間が楽しくなったという児童が増《ふ》えた。

何をして、その結果どうなったのか、わかるようにするのがだいじなのだ
うんうん

反省点も入れよう。準備《じゅんび》が大変で、活動計画通りにできなかったよね

放送委員がこれまでどんな取り組みをしているかを、はじめに説明するよ
知らない人もいるよね！

初め	中	終わり
●放送委員会の一学期の活動を報告《ほうこく》すると伝える ●お昼の校内放送については、特にくわしく報告《ほうこく》する	●放送委員会がどんな活動をしているか ●一学期の活動全体について ●自分達が取り組んだ、お昼の校内放送の内容 ●校内放送の成果 ●校内放送の反省点 ●今後の課題	●校内放送を聞いてくれたみんなへのお礼 ●今後も放送を続けたい

最後に、放送を聞いてくれたみんなに、ありがとうの気持ちを伝えることにしたよ！
アリガトウ

原稿《げんこう》をつくる

グループで手分けする

グループで発表するときは、手分けをして原稿《げんこう》を書いてみましょう。「初め・中・終わり」などに分かれて、パートごとに原《げん》稿《こう》を書きます。

原稿《げんこう》を書く人を一人決めて、その人がすべてを書いてもいいでしょう。

ぼくは、一学期の活動全体についてまとめたよ。すぐに原稿《げんこう》を書けなかったから、まずリストをつくったんだ
私《わたし》はお昼の校内放送について、どうしてこの番組を放送することになったか、わかるようにまとめたよ
まとめ

中の前半の原稿《げんこう》

…

活動内容《ないよう》について、一年間を通して月ごとに報告《ほうこく》します。

4月は、話し合い、活動計画を立てました。また、登下校とお昼とそうじの時間に音楽を流す当番を決めました。これまでにない放送委員の取り組みを全員で考え、お昼の校内放送をすることにしました。そして、毎週水曜に委員会を開いて準備《じゅんび》をすることにしました。

5月は、お昼の校内放送の準備《じゅんび》をはじめました。どんな内容《ないよう》を放送するか話し合い、番組づくりを進めました。

6月20日から、お昼の校内放送を、二週間に一度始めました。準備《じゅんび》のために、委員会を週に二回行うようになりました。

そして、今月は、夏休み前の注意事項《ちゅういじこう》を放課後に放送するため、準備《じゅんび》を進めています。

…

月ごとに説明していてわかりやすい！取り組みを順番にきちんと説明するのも、活動報告《ほうこく》では大切だぞ！
Navi

中の後半の原稿《げんこう》

…

私《わたし》は、私達《わたしたち》が取り組んだお昼の放送「野菜の王国」について報告《ほうこく》します。

私達《わたしたち》は、これまでの放送委員会ではやっていなかった新たな取り組みができないか考え、お昼の校内放送をすることに決めました。

まずは、みんなにとってためになり、給食の時間にもふさわしい内容《ないよう》を考えました。野菜が苦手で、給食を残してしまう人もいることが、問題としてあがりました。お昼の校内放送をすることで、みんながもっとおいしく給食を食べられるように、ということで「野菜の王国」という三分間の番組をつくることになりました。

番組の内容《ないよう》は、野菜クイズや野菜早口言葉などです。二週間に一度放送して、給食の時間を盛《も》りあげました。

…

グループで読み合う

原稿《げんこう》ができたら、グループで読み合います。順番に読んだときに自然な流れになっているか、まちがっているところはないか、つけ加えたいことなどを、おたがいに伝え合いましょう。

発表資料《しりょう》をつくる

発表をするときは、資料《しりょう》を見せると、聞き手が目でも情報《じょうほう》を受け取れるので、内容《ないよう》が伝わりやすくなります。

どんな資料《しりょう》を、どんなタイミングで見せると効果的《こうかてき》か考えて、用意しましょう。

ぼくは、活動計画書をもとに、月ごとの活動を簡単《かんたん》にまとめた、大きな表をつくったよ
月ごとの活動
4月
登下校・昼・そうじの時間に音楽を流す当番を決める。お昼の校内放送を企画《きかく》する。
5月
お昼の校内放送の準備《じゅんび》をする。
6月
お昼の校内放送をはじめる。

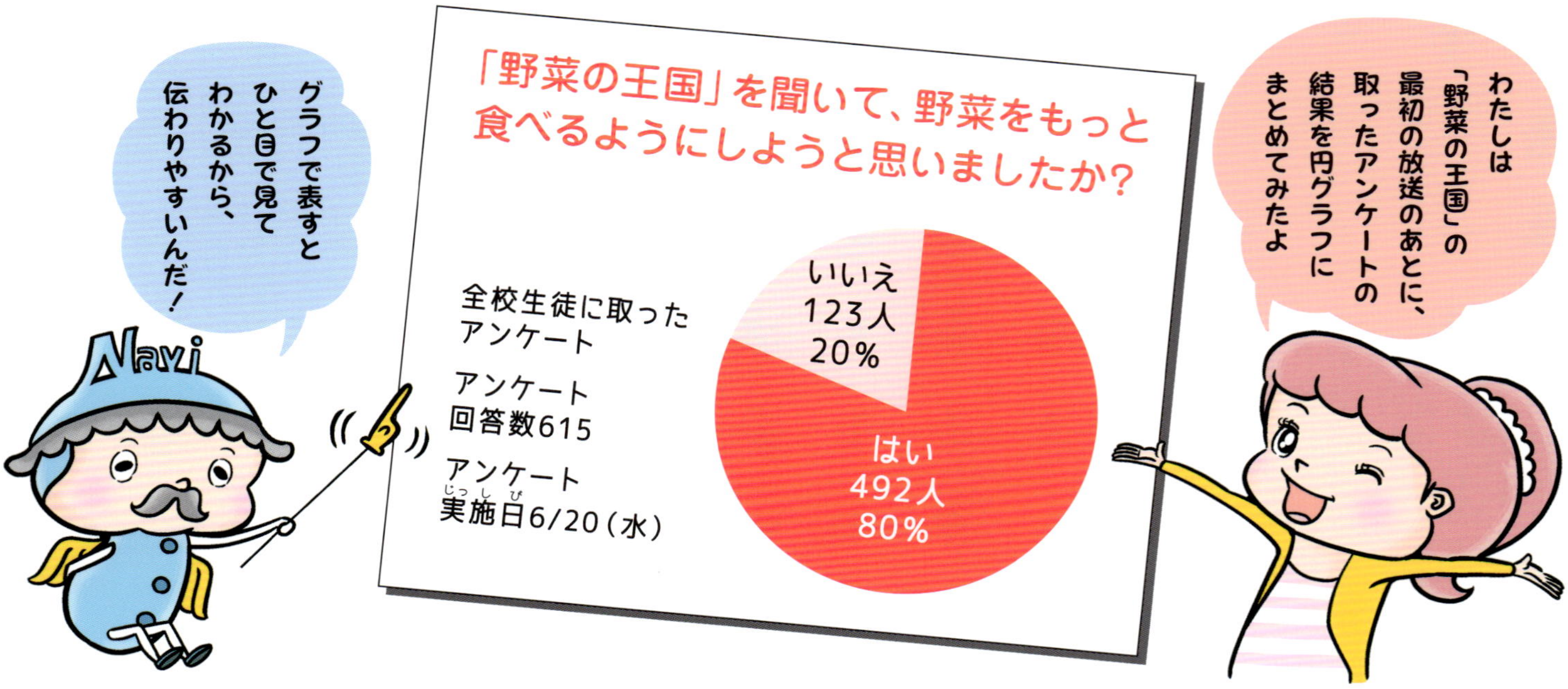
わたしは「野菜の王国」の最初の放送のあとに、取ったアンケートの結果を円グラフにまとめてみたよ
「野菜の王国」を聞いて、野菜をもっと食べるようにしようと思いましたか？
全校生徒に取ったアンケート
アンケート回答数615
アンケート実施日《じっしび》6/20（水）
いいえ 123人 20%
はい 492人 80%
グラフで表すとひと目で見てわかるから、伝わりやすいんだ！
Navi

練習をする

資料《しりょう》ができたら、グループ全員で練習をします。はじめから順に話していき、声の大きさやスピードなどをおたがいに聞き合って、アドバイスをしましょう。

また、自分の前の人と後ろの人とのつなぎ目が自然になるよう、あらかじめ話し合っておいてもよいでしょう。

月ごとの取り組みについて話したら、ぼくのパートは終わりだから、準備《じゅんび》しておいてね
発表会場は広いから、もう少し大きな声で話してみても、いいんじゃないかな？
わかった！

活動報告《ほうこく》本番

本番では、練習の通りに順番に話して発表します。

活動報告《ほうこく》を聞く人は、「何をして、その結果どうなったのか」という取り組みと成果に気をつけて聞くようにしましょう。

また、もっと知りたいと思ったことを質《しつ》問《もん》したり、感想を伝えたりしましょう。

委員会活動報告会
「野菜の王国」がとてもよかったから、フルーツも取り上げてほしいなあ

やってみよう!

アンケートで情報《じょうほう》を集めよう

アンケートを取ると、多くの人からたくさんの意見を集めることができます。大人になっても、さまざまな仕事や活動のなかで、アンケートは役に立ちます。

●アンケートのつくり方

どういった目的でアンケートを取るのか、どんなことを知りたいのか、しっかり考えてつくります。

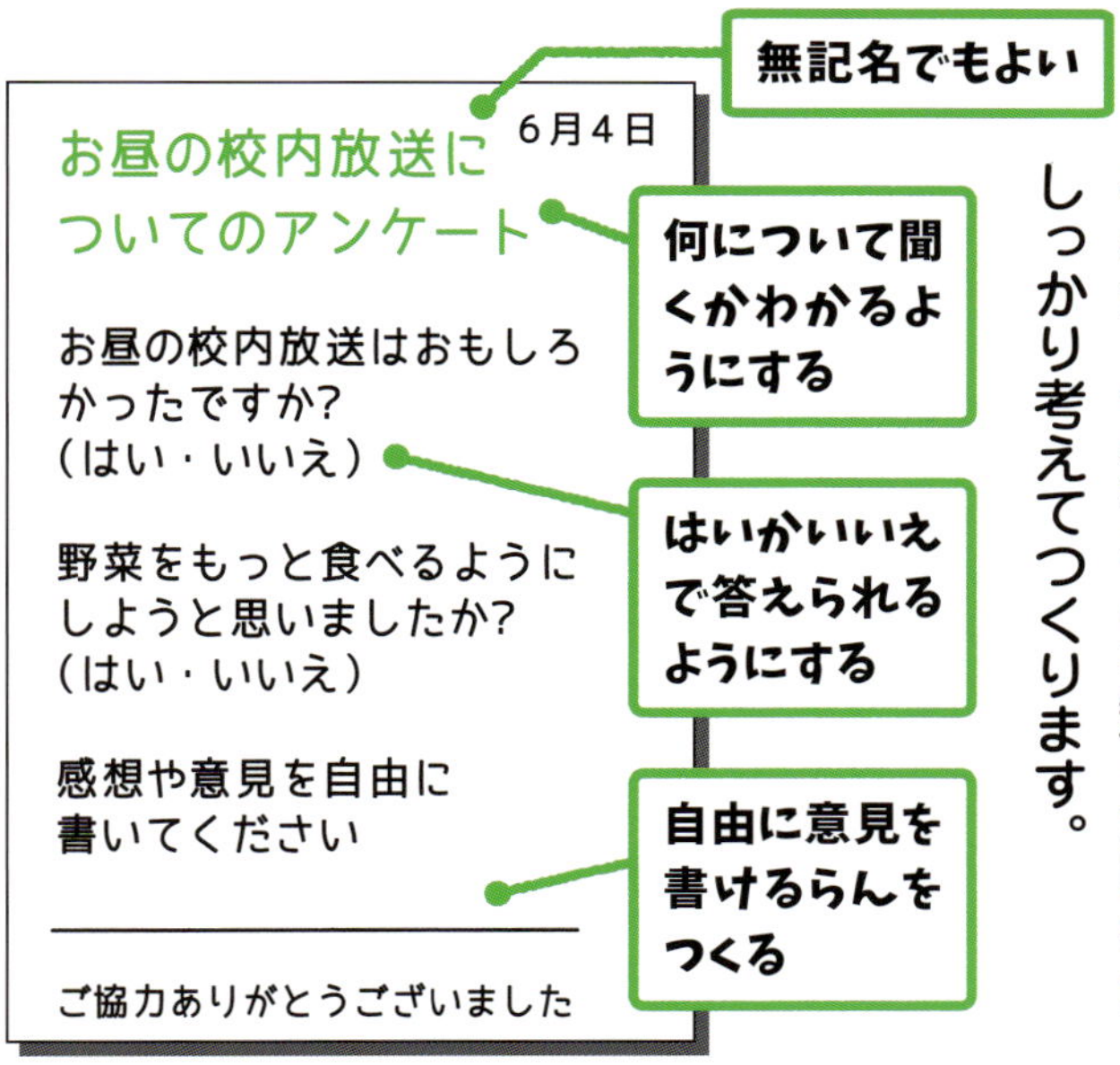
6月4日
お昼の校内放送についてのアンケート
お昼の校内放送はおもしろかったですか?
（はい・いいえ）
野菜をもっと食べるようにしようと思いましたか?
（はい・いいえ）
感想や意見を自由に書いてください
ご協力ありがとうございました
無記名でもよい
何について聞くかわかるようにする
はいかいいえで答えられるようにする
自由に意見を書けるらんをつくる

●アンケートの取り方

アンケートに答えてほしい人に、聞きたい内容《ないよう》や、どんな目的で結果を紹介《しょうかい》するかを説明して、回答してもらえるようお願いしましょう。

お昼の校内放送の感想についてアンケートを取っています
結果は、活動報告《ほうこく》のときに、みなさんに伝えます
オッケー

●アンケート結果のまとめ方

それぞれの回答ごとに数えていきます。また、どんな人にアンケートをとったのか（対象者）、回答をした人数（回答数）、アンケートをした日（実施日《じっしび》）も、わすれずにまとめましょう。

集計結果が、自分の考えとちがうときに、結果を勝手に変えるのは、絶対《ぜったい》だめだよ！
Navi

ディスカッション

どんなエコがあるか、パネルディスカッションで考えよう！

国語　算数　理科　社会　体育　特別活動

給食の残飯《ざんぱん》を減《へ》らす
私《わたし》は、ごみをなるべく減《へ》らすリデュースの立場です。リデュースとは…
まだ使える物を捨《す》てない
ゴミ箱
牛乳《ぎゅうにゅう》パックのリサイクル
MILK
それでは山本さん、意見を発表してください
〈司会〉谷川 洋子
〈リデュース〉山中 雪
〈リユース〉川口 修
サイクル〉村 英二
リデュース、私《わたし》も賛成《さんせい》！
どうやって減《へ》らすのかな？
どうしても捨《す》てたいときは、どうするの？

学校で取り組めるエコについて、「リデュース」「リユース」「リサイクル」の3つの立場で意見を出し合います。

パネルディスカッションって？

提案《ていあん》し、考えを深めるディスカッション

ある問題を解決《かいけつ》するための方法は、一つとは限《かぎ》りません。どんな方法があって、どんなよさがあるのか、比《くら》べて考える必要があります。そんなときは、パネルディスカッションをするといいでしょう。

まず、テーマについて異《こと》なる意見を持つ三人以上の人が、代表となるパネリストになって、それぞれの考えを発表し、話し合いをします。

パネルディスカッションは、どの意見がいいか、結論《けつろん》を出すためにやるわけではありません。出てきた意見のよさを比《くら》べ、参加者が考えを深めることが大切です。

今回ははじめにパネルディスカッションのやり方をくわしく確認《かくにん》しよう
Navi

やることの流れ

1 パネルディスカッションのやり方を確認《かくにん》する
↓
2 パネリストを決める
↓
3 意見をまとめる
↓
4 パネルディスカッション本番
はじめ、意見発表、パネリストどうしのディスカッション、全体ディスカッション、まとめ
↓
5 ふり返り

パネルディスカッションのやり方を確認《かくにん》する

役割分担《やくわりぶんたん》

1 パネリスト

パネルディスカッションの中心となって、意見発表やディスカッションをする代表者。意見や立場のちがう三人くらいが務《つと》めます。

2 司会

パネリストの意見をまとめて、パネルディスカッションの進行をします。

3 フロア

パネルディスカッションでの聞き手のこと。パネリストの意見発表やディスカッションを聞いて、全体ディスカッションで質問《しつもん》などをします。

机《つくえ》の並《なら》べ方

参加者全員が顔を見られるようにします。

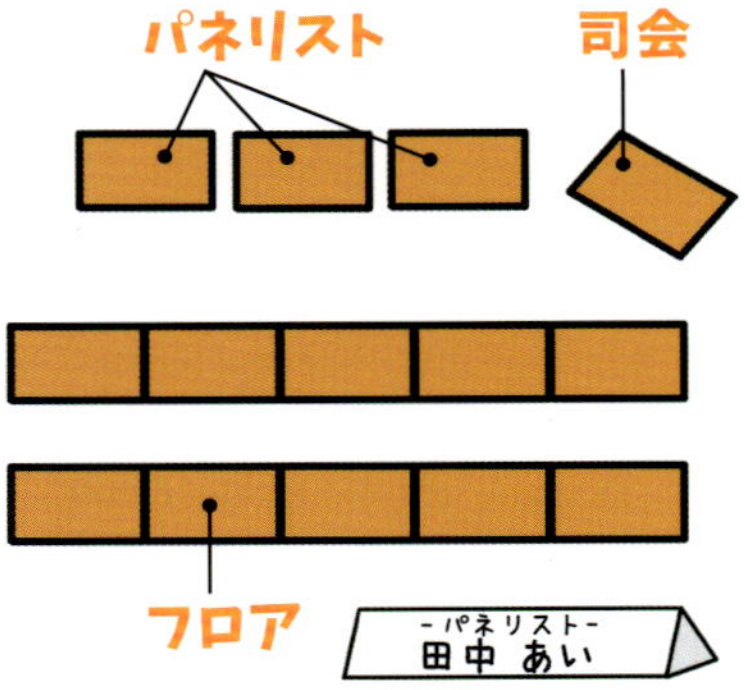
パネリスト
司会
フロア
−パネリスト−
田中 あい

パネリストや司会は、名札を用意してもいいね！
Navi

パネルディスカッションの流れ

1 はじめ

司会が、テーマや話し合う目的、パネリストを紹介《しょうかい》します。

2 意見発表

パネリストが順番に意見を発表します。

3 パネリストどうしのディスカッション

まずは、パネリストだけでディスカッションをします。

4 全体ディスカッション

フロアもふくめて、全体でディスカッションをします。

5 まとめ

パネリストが改めて意見を発表します。このとき、参加者も自分の考えをそれぞれに整理してまとめます。

パネリストを決める

クラスでパネルディスカッションをするときには

パネリストの決め方はさまざまですが、クラスで行う場合には、まず全体で意見を出します。

次に、司会がうながして、同じ意見の人をまとめていきます。

意見の数だけパネリストを立てることはできないので、似《に》ている意見をまとめて、三つくらいにしぼります。

意見がしぼられたら、同じ意見の人どうしで班《はん》をつくります。話し合って代表のパネリストを決めましょう。

パネリスト以外の人も、パネリストに発言してもらいたいことなどを協力して考えましょう。

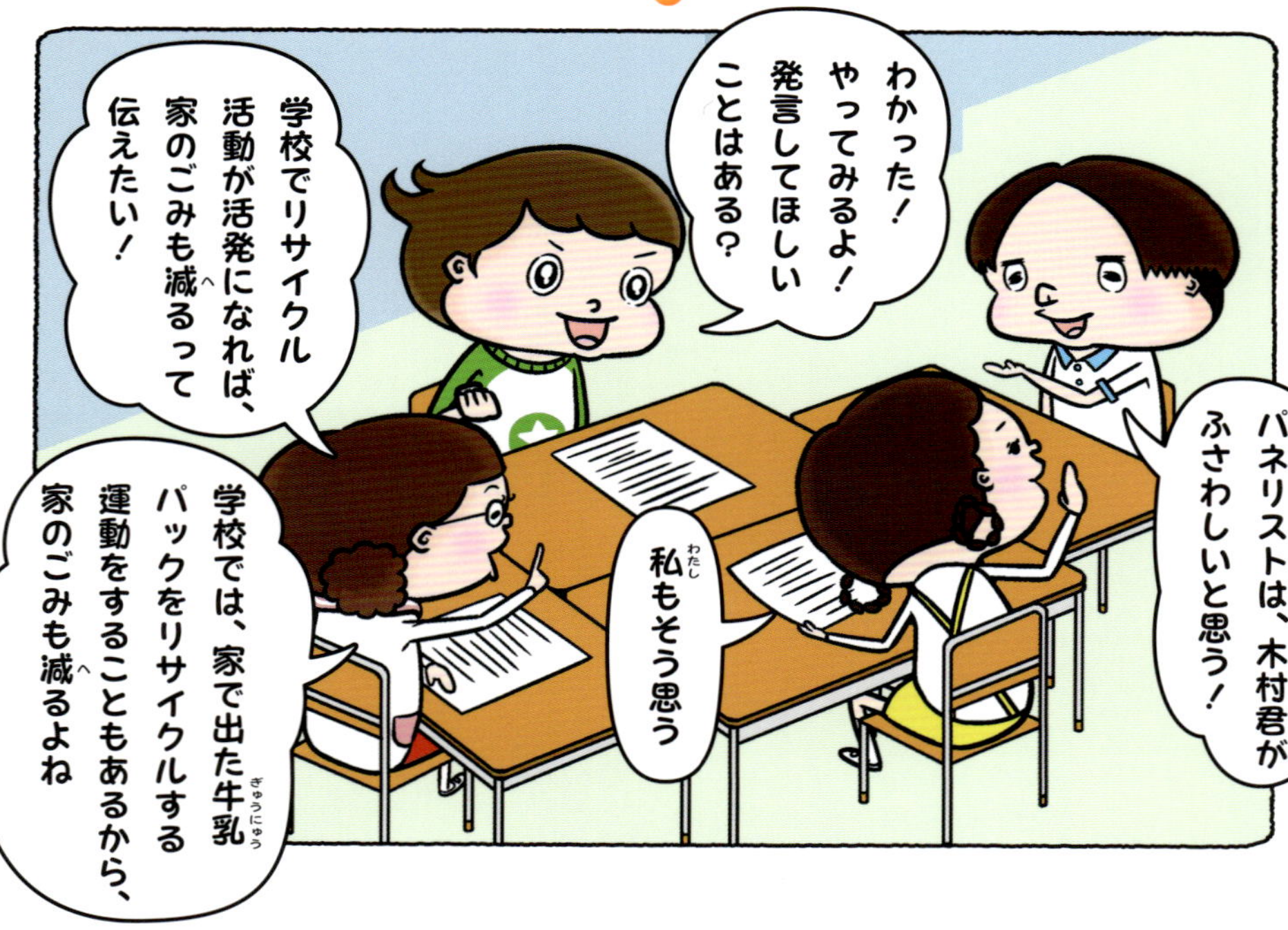

意見をまとめる

意見発表の準備《じゅんび》

班《はん》の意見を書き出したら、根拠《こんきょ》や理由も伝えられるように、さらにくわしく調べてみましょう。

カチ
カチ
カチ
カチ

残飯《ざんぱん》を減らすことは、しっかり給食を食べて、じょうぶな体をつくることでもあるよね
なるほど!

本やインターネットを使って、意見に説得力を持たせるデータを探《さが》したり、同じ意見を持つ人に話しを聞いて、自分には思いつかない考えを聞いて、自分の意見に取り入れたりしましょう。

よいところを主《しゅ》張《ちょう》するだけではなく、提案《ていあん》を実現《じつげん》させるときの難《むずか》しさや問題点も積極的に調べ、その上でどうすればいいか、考えを深めましょう。

説得力のある伝え方を考える

データを見せたり、理由をしっかりと言ったりすることで、意見に説得力を持たせることができます。

サンドイッチ方式を使うと、説得力ある意見になるぞ

サンドイッチ方式

はじめに自分の考えを言って、次にその根拠《こんきょ》、最後にまた自分の考えを言って強調します。

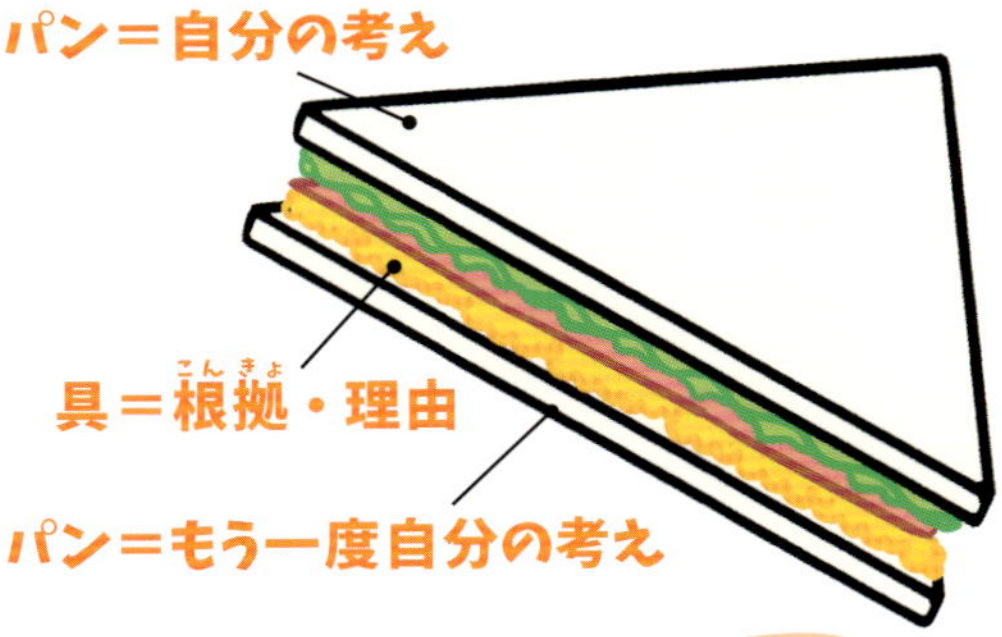

パン＝自分の考え
具＝根拠《こんきょ》・理由
パン＝もう一度自分の考え

「初め・中・終わり」と組み合わせて使ってみようね!

ディスカッションの準備《じゅんび》

ディスカッションでは、パネリストがそれぞれの意見について、より深く知るために、質問《しつもん》をし合うことになります。

どんな質問《しつもん》が出るか本番までわかりませんが、予想を立てて、どのように答えるか、シミュレーションしておきましょう。

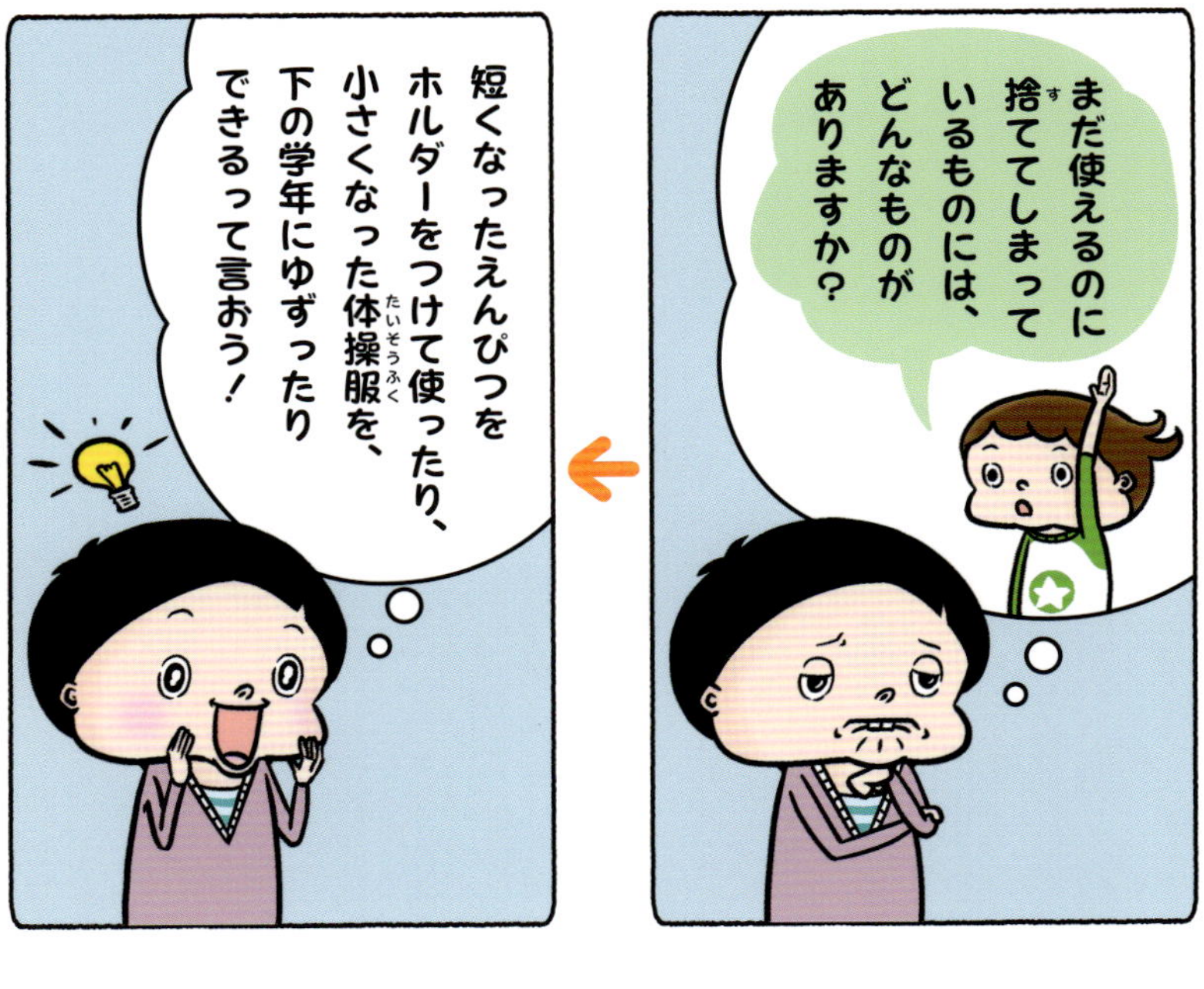

まだ使えるのに捨《す》ててしまっているものには、どんなものがありますか?
短くなったえんぴつをホルダーをつけて使ったり、小さくなった体操服《たいそうふく》を、下の学年にゆずったりできるって言おう!

また、他のパネリストの発表に対しても質問《しつもん》できるように、相手の意見についてもしっかりと調べておきましょう。

パネルディスカッション本番

はじめ

司会がテーマやパネリストを紹介《しょうかい》します。

意見発表

決められた時間内で意見を言いましょう。３分くらいが目安です。

次は田中《たなか》さんどうぞ

パネリスト	司会	フロア
スピーチをするときと同じように、声の大きさ、話す速さなどに気をつける。	パネリストの意見をしっかり聞きながら、一人ずつ順番にあてていく。	パネリストの意見をしっかりと聞く。自由帳にメモを取ってもよい。

パネリストどうしのディスカッション

おたがいの意見について、５〜10分ほどディスカッションをします。事前に考えていた質問《しつもん》をしてもいいですし、その場で気がついたことを聞いてもいいでしょう。

相手を言い負かしたりするのではなく、フロアにいる人が興味《きょうみ》を広げられるように、意見を交換《こうかん》します。

それでは、パネリストどうしのディスカッションをはじめます
先ほど、木村君《きむらくん》はリサイクル活動が盛《さか》んになれば、家のごみも減《へ》ると言っていましたが、なぜですか？
はい。家のごみも減《へ》る理由ですね。理由は……
〈リサイクル〉木村 英二
〈リユース〉川口 修
〈リデュース〉山中 雪
〈司会〉谷川 洋子

全体ディスカッション

パネリストのディスカッションのあと、フロアにいる人は、それまでの意見発表やディスカッションから思いついた質問《しつもん》や意見を言います。

自分の立場をはじめにはっきりと言うようにしましょう。

私《わたし》も、ごみを減《へ》らすという取り組みに賛成《さんせい》です。リサイクルするには、エネルギーが必要で…

質問《しつもん》をするときには、何を聞きたいのか、だれにでもわかるように具体的に聞いてみましょう。

他に減《へ》らす方法はありますか

他に給食の残飯《ざんぱん》を減《へ》らす方法はありますか？

まとめ

これまでのディスカッションをふまえて、パネリストがそれぞれ自分の意見をまとめ直します。

参加者もこのまとめを受けて、自分の考えをそれぞれ整理します。

まとめ直す時間が短いから、あせるのう。こんな風にまとめるといいぞ

まとめ方

はじめに意見発表で言ったことを簡単にくり返す → パネルディスカッションで出た意見や気づいたことを話す → もう一度自分の意見を言ったりしてまとめる

リデュースの例

エコな取り組みとして、給食の残飯《ざんぱん》を減《へ》らしたりするリデュースを提案《ていあん》 → 無理して食べるということにならないか、不安という意見を聞いて、なるほどと思った → 無理なくできる取り組みとして、配ぜんのときに食べられる量だけを盛《も》り付ける工夫を考えたいと思った

最後に司会があいさつをして、終わります。中心となって議論《ぎろん》を進めたパネリストに、「おつかれさま」の意味をこめて、はく手をしてもよいでしょう。

パチ
パチ
パチ
パチ
パチ
パチ
パチ
パチ
パチ

ふり返り

パネルディスカッションでは、どの意見が一番よかったか決めたりはしません。そのため「みんなで決めたから実行しよう」といった責任感《せきにんかん》が生まれにくいということがあります。話し合ったことが、そのあとの学校生活でうまく生かされているか、ふり返る機会をつくるようにしましょう。

もっと知りたい！

知識《ちしき》を深めるパネルディスカッション

勉強会などとして行われるパネルディスカッションでは、専《せん》門家《もんか》をパネリストにまねくことがほとんどです。

パネリストの意見やディスカッションを聞くことで、参加者は専門知識《せんもんちしき》を学んで、興味《きょうみ》のあるテーマについて深く知ることができます。

こうした場でも、一つの正解《せいかい》を出すことが目的ではなく、さまざまな主張《しゅちょう》のよいところを聞き、視野《しや》を広げることが大切です。それらを組み合わせることで、新しい意見が生まれます。

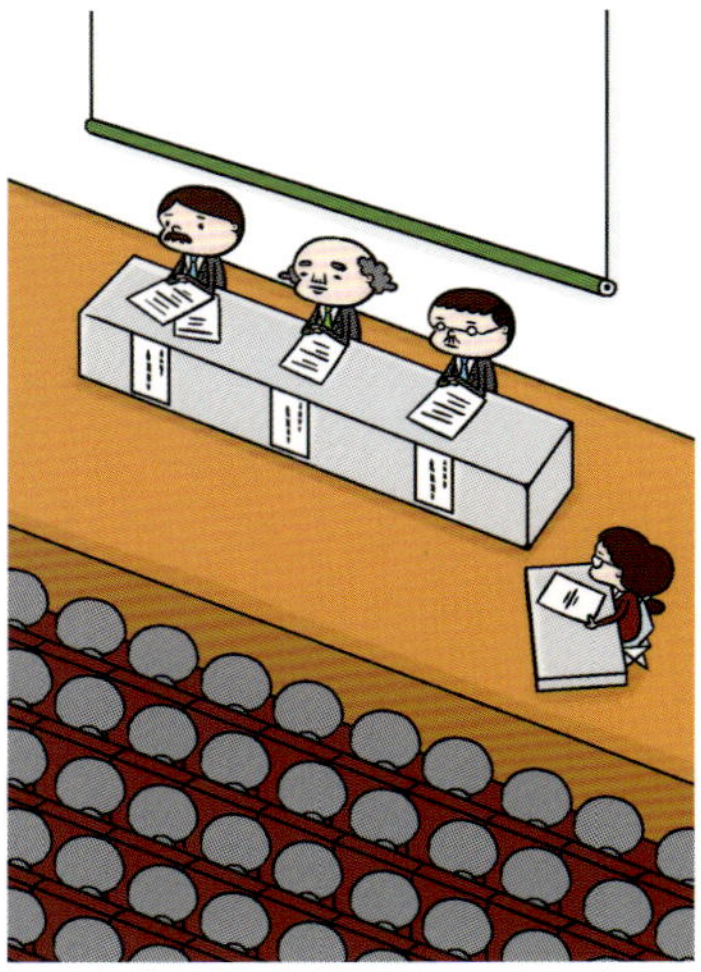

スピーチ

演説《えんぜつ》スピーチを聞いて、代表者を決めよう！

こんにちは。木村英二《きむらえいじ》です
5年2組の学級委員に立候補《りっこうほ》しました。よろしくお願いします
木村君《きむらくん》って、野球チームのキャプテンだよね
いつもじっくりみんなの話を聞いてるよね
うんうん
どうして立候補《りっこうほ》したのかな？

クラスの学級委員長を決めるために、候補者《こうほしゃ》がそれぞれ演説《えんぜつ》スピーチをして、一番ふさわしい人を選びます。

演説《えんぜつ》スピーチって？

自分の考えを伝えて、聞き手に選んでもらうためのスピーチ

「演説《えんぜつ》」とは、たくさんの人の前で、自分の意見や主張《しゅちょう》を話すことです。立候補者《りっこうほしゃ》やいせん候補者《こうほしゃ》のなかから代表を決めるときなどに行うことがほとんどです。

学校生活では、学級委員長や委員会の委員長、グループのリーダーなど、代表者を決める機会はたくさんありますね。立候《りっこう》補者《ほしゃ》は、代表者に選んでもらえるように、自分の魅力《みりょく》を聞き手に上手に伝えます。

聞き手は、候補者《こうほしゃ》のスピーチをしっかりと聞いて、だれが代表としてふさわしいのかを決めます。

国語　算数　社会　理科　特別活動　体育

演説《えんぜつ》スピーチは、自己紹介《じこしょうかい》とどうちがうかな？
Navi

やることの流れ

1. 演説《えんぜつ》スピーチをまとめる
↓
2. 演説《えんぜつ》スピーチの原稿《げんこう》をつくる
↓
3. 演説《えんぜつ》スピーチ本番
↓
4. 投票
↓
5. 投票結果の発表

演説《えんぜつ》スピーチをまとめる

伝えたいことを書き出す

立候補《りっこうほ》したときは、どうして学級委員長になりたいのか、自分のどういったところが学級委員の仕事に生かせるのか、学級委員になったら、どんなことをするのか、などを書き出して、リストにしてみましょう。

書いてみたよ！

伝えたいことリスト

- 野球チームのキャプテンの経験《けいけん》が生かせる
- チームメイトにすすめられて、みんなのためになりたいので、立候補《りっこうほ》した
- 元気なクラスにしたい
- 休み時間、みんなを外遊びにさそいたい

⋮

「初め・中・終わり」にまとめる

リストに書き出したことをもとに、話したい順番に「初め・中・終わり」にまとめてみましょう。

まずは、自分の名前をわすれず言おう

●演説《えんぜつ》スピーチのまとめ

初め	中	終わり
●初めのあいさつ ●自分の名前　など	●みんなのためになりたいので、立候補《りっこうほ》した ●学級委員長になったら、元気なクラスにしたい ●外遊びにみんなをさそう ●野球チームのキャプテンの経験《けいけん》を生かして、みんなの意見をまとめたい	●終わりのあいさつ

演説《えんぜつ》スピーチの原稿《げんこう》をつくる

原稿《げんこう》を書く

説得力のある演説《えんぜつ》スピーチをするために、原稿《げんこう》を書きます。「初め・中・終わり」を一つひとつ文章に直していきます。

できあがった原稿《げんこう》を確認《かくにん》する

原稿《げんこう》ができあがったら、声に出して読んで確認《かくにん》します。

どんなことばを使うと、自分の意見が伝わりやすいか、さまざまな表現《ひょうげん》を入れかえて、試したりしながら、書いてみましょう。

Navi
裏技《うらわざ》、「ラベリング」と「ナンバリング」を取り入れてみよう！

初め

こんにちは。六年二組の学級委員長に立候補《りっこうほ》した、木村《きむら》英二《えいじ》です。よろしくお願いします。

これから、ぼくが学級委員長に立候補《りっこうほ》した理由と、学級委員長になったらやりたいことを、話します。

中

ぼくは、野球チーム「あかねファイターズ」のキャプテンをしています。学級委員長に立候補《りっこうほ》したのは、あかねファイターズのキャッチャー、金田《かねだ》君《くん》にすすめられ、「みんなのためになりたい！」と思ったことがきっかけでした。

ぼくが学級委員長になったら、やりたいことが二つあります。

一つ目は、六年二組を元気なクラスにすること。朝の教室でみんなに声をかけたり、休み時間の外遊びにみんなをさそったりして、クラスを盛《も》り上げます。

二つ目は、クラスのみんなのいろいろな意見を聞ける、ということです。ぼくは、あかねファイターズの練習中、キャプテンとして自分の意見をおしつけるのではなく、みんなの意見を聞くように、気をつけています。学級委員長になっても、その姿勢《しせい》で取り組みたいです。

終わり

ぼくが学級委員長になったら、一部の人だけではなく、みんなの意見を聞くようにこころがけて、素敵《すてき》なクラスにしたいです。以上で、ぼくの立候補《りっこうほ》演説《えんぜつ》を終わります。ありがとうございました。

ラベリング

これからどんな話をするのか、順番に説明します。本の目次のような役割《やくわり》をはたします。

ナンバリング

いくつかのことがらを伝えるときには、数字を使ってみましょう。頭に数字がうかぶので話し手は話しやすく、聞き手は聞きやすくなります。

ビシッ
ナンバリングは、身ぶり手ぶりをつけるときにも取り入れやすいね！試してみよっと！

演説《えんぜつ》スピーチ本番

演説《えんぜつ》スピーチをするとき

本番では、聞き手一人ひとりに語りかけるように、じっくり話しましょう。

たくさんの人の前で話すときは、「間《ま》」を取ることを意識《いしき》して、話してみよう！
間

●「間《ま》」の取り方

大切なことがらや、強調したいことがらを話す直前に、何も話さない「間《ま》」を取ってみましょう。そうすることで、聞き手の注目が高まります。また、自分のきんちょうをやわらげることもできます。

ぼくが学級委員長に立候補《りっこうほ》した理由
それは……

演説《えんぜつ》スピーチを聞くとき

聞き手は立《りっ》候補者《こうほしゃ》がどんなことを言おうとしているのか、考えながら聞きます。

演説《えんぜつ》スピーチを聞きながら、自由帳などにメモをとってもよいでしょう。

スピーチにリアクションを取ることも大切です。話している立候補者《りっこうほしゃ》の目を見て、「なるほど」と思ったことには、相づちを打つなど、反応《はんのう》をしてみましょう。

話し手の目を見る
相づちを打つ
うんうん
演説以外《えんぜついがい》のスピーチを聞くときもやってみるのだ！

やってみよう！

応《おう》えん演説《えんぜつ》をしてみよう

立候補者《りっこうほしゃ》とは別の人が、聞き手に立候補者《りっこうほしゃ》を紹介《しょうかい》したり、よさを伝えたりするのが、応《おう》えん演説《えんぜつ》です。

応《おう》えん演説《えんぜつ》の準備《じゅんび》

1 立候補者《りっこうほしゃ》にインタビュー
立候補者《りっこうほしゃ》の主張《しゅちょう》や意見を聞きます。

2 「初め・中・終わり」にまとめる
立候補者《りっこうほしゃ》のどんなところが学級委員長にふさわしいか考えながら、まとめましょう。

3 原稿《げんこう》を書く
立候補者演説《りっこうほしゃえんぜつ》と同じように、ラベリングやナンバリングを使ってみましょう。

4 練習をする
立候補者《りっこうほしゃ》に聞いてもらいながら練習しましょう。

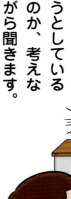

投票

投票をする前に

立候補者《りっこうほしゃ》のことをよく知らないと、投票はできませんね。

立候補者《りっこうほしゃ》の演説《えんぜつ》をよく聞いて、どんなちがいがあるか比《くら》べ、どの人に投票するか選びます。

自分が注目していることについて、表を書くと、比《くら》べやすいぞ

	立候補《りっこうほ》した理由	どんなことをするか
木村君《きむらくん》	●野球のチームメイトにすすめられた ●みんなのためになりたい	●元気なクラスにするために、外遊びにみんなをさそう
太田《おおた》さん	●1年生のときからやってみたかった	●給食の残飯《ざんぱん》を減らす
田口《たぐち》さん	●お姉さんが学級委員だったからあこがれた	●教室の美化活動に力を入れる

決めるポイント

自分がだれに票を入れるかを決める理由は、人それぞれです。自分と同じ考えだから、立候補者《りっこうほしゃ》の発言に「なるほど」と思えたから、など、内容《ないよう》はさまざまですが、しっかりと説明できるような理由をもって、選ぶことが大切です。

カッコいいから！
演説《えんぜつ》の内容《ないよう》で決めよう！

投票

投票の方法はいくつかあります。目をつぶって、候補者《こうほしゃ》の名前が呼《よ》ばれたときに手を挙げて、その数を先生などが数える方法や、紙に候補者《こうほしゃ》の名前を書いて箱などに入れて集める方法があり、他人に左右されないように投票をして、代表者を決めます。

あっ
ちゃんと目をつぶって！

投票結果の発表

投票で最も多くの票を得た人を発表しましょう。学級委員長になった人は、みんなの前であいさつをします。これからどのように活動をするか意気ごみを伝える「決意表明」のスピーチをしてもよいでしょう。

学級委員長に決まった木村《きむら》です
二組をいいクラスにできるよう、がんばります！
パチ パチ パチ パチ パチ パチ パチ パチ パチ パチ

選挙ってなに？

国や地域《ちいき》の代表者を決める方法が選挙です。そこで選ばれた人は、人々がよりよい生活を送れるように政治《せいじ》を行います。

代表者は議員と呼《よ》ばれ、市区町村、都道府県などの地方議会や、国全体のことを決める国会で話し合って、さまざまなことを決定・実行します。

議員を決める選挙は、どのように行われるのでしょうか。

選挙で投票することのできる「選挙権《せんきょけん》」は、二〇一六年から、十八歳以上《さいいじょう》に引き下げられたぞ。選挙のしくみを知っておこう

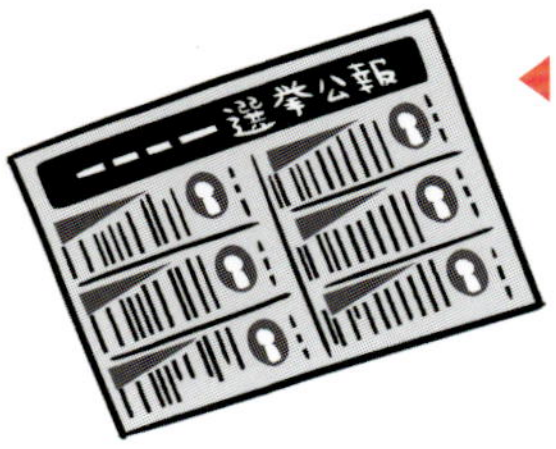

各候補者《かくこうほしゃ》の主張《しゅちょう》は、「選挙公報《せんきょこうほう》」という読み物にまとめられ、各家庭に配布《はいふ》されます。

公示《こうじ》

選挙の立候補者《りっこうほしゃ》が発表される

よく、立候補者《りっこうほしゃ》のポスターがはり出されているよね

選挙権《せんきょけん》を持つ人には、投票の案内の手紙やはがきが届《とど》きます。

選挙活動

立候補者《りっこうほしゃ》が、さまざまな方法で、主張《しゅちょう》を伝える

テレビやラジオで放送される政見放送《せいけんほうそう》。立候補者《りっこうほしゃ》は、決められた時間内でスピーチをします。

車に乗って、立候補者《りっこうほしゃ》の名前を紹介《しょうかい》したり、駅など、人の集まるところでスピーチをして、主張《しゅちょう》を伝えたりします。

投票

選挙権《せんきょけん》のある人が、立候補者《りっこうほしゃ》の政策《せいさく》などから判断《はんだん》して、投票する

投票日の選挙活動は、禁止《きんし》されているよ

開票

選挙管理委員会などが投票用紙をすべて確認《かくにん》して、どの候補《こうほ》が何票獲《なんぴょうかく》得《とく》したか数える「開票作業」を行い、議員や地域《ちいき》の首長が決まる

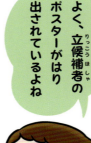

ディスカッション

ディスカッションで答えを導《みちび》き出そう！

算数の授業《じゅぎょう》で、あかね小の面積を計算することになりました。班《はん》で話し合って、計算方法を考えます。
知ってる図形に見立てるといいかも!!
三角形
正方形
円
うんうん
私《わたし》もそう思った！これまでに習った三角形、四角形、平行四辺形の面積の公式を使って…

答えを導《みちび》くディスカッションって？

わからないことがらについて意見を出し合って考えを深める話し合い

難《むずか》しい問題は、一人で考えても、どうしてもわからないことがありますね。では、何人かの友だちと話し合ってみると、どうでしょうか。すぐには、答えがわからなくても、もしかしたら解決《かいけつ》の糸口が見つかるかもしれませんね。さらに、「そんな考え方もあるんだ！」という発見もあるかもしれません。

おたがいの意見を聞いて、認《み》め合いながら、最終的には、意見をすり合わせて、一つの答えを導《みちび》き出してみましょう。

やることの流れ

1. 問題を確認《かくにん》する
↓
2. 意見を出し合う
↓
3. 意見を深める
↓
4. 意見をまとめる
↓
5. グループの答えを出す

グループで、一つの答えを出すのはけっこう難《むずか》しいぞ
Navi

問題を確認《かくにん》する

実際《じっさい》に話し合いを始める前に、どんな問題を解《と》くのか、しっかりと確認《かくにん》をしておきましょう。

問題

あかね小の面積を求める方法を考えて、面積を計算しましょう。

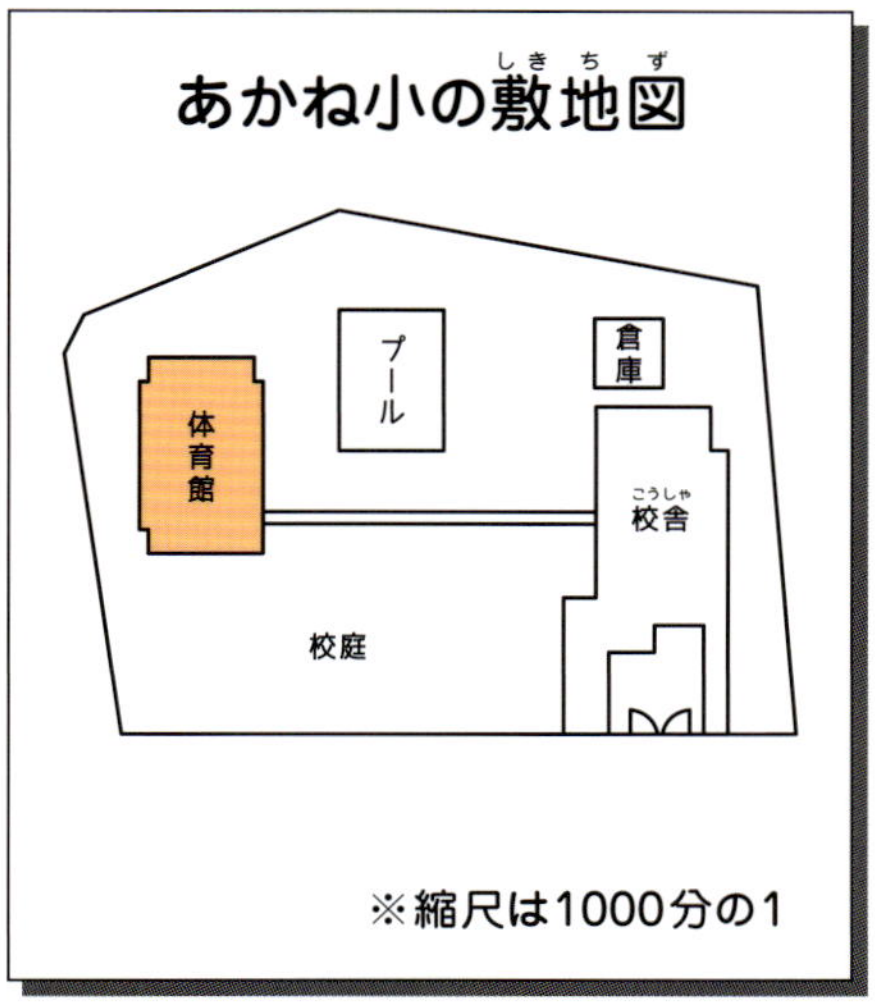

あかね小の敷地図《しきちず》
プール
倉庫
体育館
校舎《こうしゃ》
校庭
※縮尺は1000分の1

三角形や長方形の面積を求める公式はあるけど、この形の面積を求める公式はないなあ…

意見を出し合う

数人でのディスカッションでは、司会を決めずに、自由に意見を出し合ってみましょう。どうしても話し合いがまとまりにくいときには、司会を決めましょう。

意見を聞き合うポイント

数人のディスカッションでも、全員が意見を言いやすいふんいきをつくったり、おたがいの意見をさえぎらず聞き合ったりすることが大切です。

問題を解決《かいけつ》する具体的な方法になっているかどうか、考えながら聞きます。

目を見て、相づちを打ちながら聞く
私《わたし》は…
その方法なら解決《かいけつ》できるなあ

発言をするときは、みんなの反応《はんのう》を聞く
…と考えたよ。みんなはどう思う?

意見を深める

意見を聞き合うポイントに気をつけて、話し合いをしましょう。

ディスカッションシートや、自由帳にメモを取りながら、話し合ってもいいでしょう。

意見をまとめる

グループのメンバーから、ある程度《ていど》たくさんの意見が出たら、方針《ほうしん》を決めます。みんなが納得《なっとく》し合えるように、確認《かくにん》しながらまとめていきましょう。

意見を出し合ったり、深めたりするときは、自由帳にこれまで出てきた意見を整理してみてもいいでしょう。

グループの答えを出す

木村《きむら》君《くん》の班《はん》では、あかね小の面積図をじょうぎで測《はか》り、四角形と三角形をあてはめて計算をすることになりました。

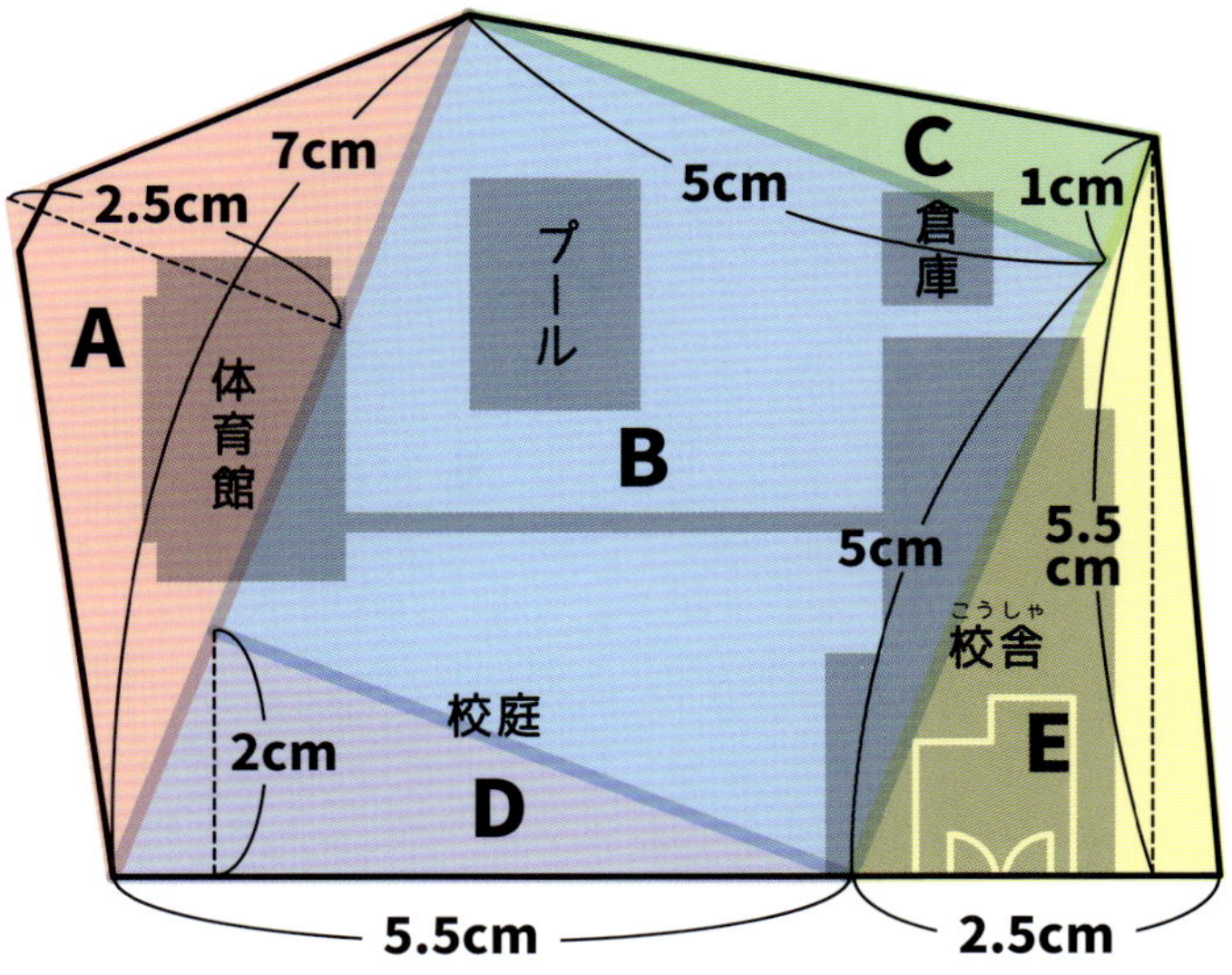

A	底辺7cm、高さ2.5cmの三角形。面積は8.75㎠。
B	一辺5cmの正方形。面積は25㎠。
C	底辺5cm、高さ1cmの三角形。面積は2.5㎠。
D	底辺5.5cm、高さ2cmの三角形。面積は5.5㎠。
E	底辺2.5cm、高さ5.5cmの三角形。面積は6.875㎠。

A～Fの面積の合計は、48.625㎠

↓

この地図は、縮尺《しゅくしゃく》が1000分の1なので、実際には1cmが10m（1000cm）に、1㎠は、100㎡になる

↓

A～Dの面積の合計は、実際《じっさい》の大きさに直すと、4862.5㎡になる

↓

問題の答え　あかね小の面積はおよそ4862.5㎡

方眼《ほうがん》紙《し》を使った面積の出し方

方眼《ほうがん》紙《し》に、面積を出したい四角形を書いて、マス目を数えることで、面積を出すことができます。

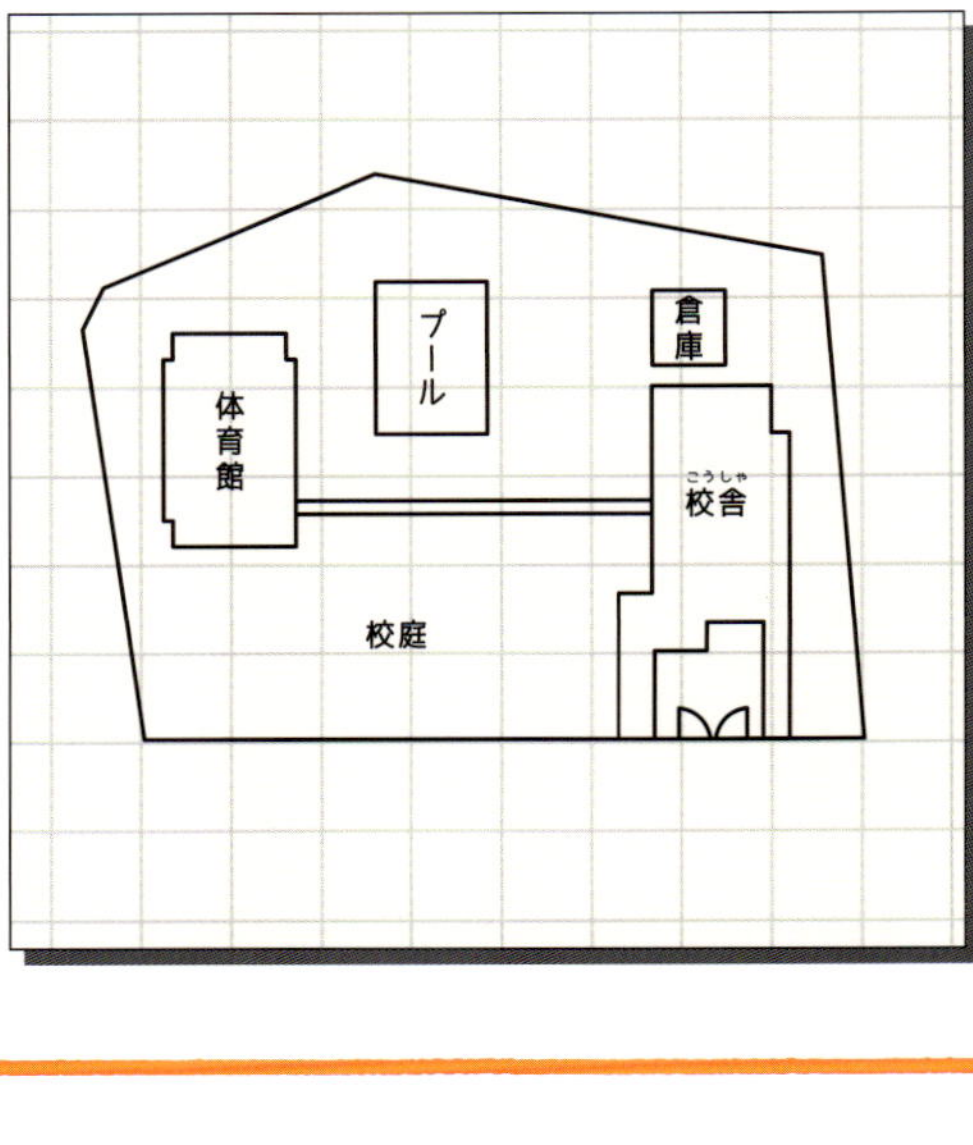

方眼《ほうがん》がすべてうまっているマスを1、方眼《ほうがん》が一部だけうまっているマスを0.5（半分）と数えて、方眼《ほうがん》紙《し》上《じょう》での面積を出したあとに、地図の縮尺《しゅくしゃく》から、実際《じっさい》の面積になるようにかけ算をして、およその面積を出すことができます。

社会の授業《じゅぎょう》で、豊臣秀吉《とよとみひでよし》と徳川家康《とくがわいえやす》のどちらが有能《ゆうのう》な政治家《せいじか》だったか、二つのチームに分かれ、議論《ぎろん》をします。

ディスカッション

ディベートを通して、歴史の知識《ちしき》を深めよう！

ディベートって？

説得力ある意見を出し合うことばのゲーム

ディベートとは、二つの対立する意見のチームに分かれて、チームごとに「立論《りつろん》」として意見を出し合って戦うゲームです。話し手（ディベーター）は、調べたことをわかりやすく伝えたり、相手の質問《しつもん》や反論《はんろん》に、その場で論理的《ろんりてき》に返答したりすることで、自分のことばを人により深く伝えるための技術《ぎじゅつ》を、身につけることができます。

さらに、聞き手（審判係《しんぱんがかり》）は、話し手から、意見の根拠《こんきょ》としてさまざまな事実を聞き、知識《ちしき》を深めることができます。

ゲームとしてのディベートにはさまざまなやり方がありますが、ここでは一つの例を紹介《しょうかい》します。

ちょっと難《むずか》しいけど、挑戦してみるのだ！

やることの流れ

❶ ディベートのやり方を確認《かくにん》する

↓

❷ ディベートの準備《じゅんび》

テーマを確認《かくにん》する、役割《やくわり》を決める、テーマについて調べる、自分の考えをまとめる、チームで話し合う、立論《りつろん》を組み立てる、反論《はんろん》や質問《しつもん》を予想しておく

↓

❸ ディベート本番

はじめ、立論《りつろん》、作戦タイム、反論《はんろん》・質問《しつもん》、作戦タイム、最終弁論《さいしゅうべんろん》、判定《はんてい》・結果発表

ディベートのやり方を確認《かくにん》する

役割分担《やくわりぶんたん》

「司会」「記録係」「時間管理係《じかんかんりがかり》」「ディベーター」「審判係《しんぱんがかり》」に分かれます。制限《せいげん》時間内《じかんない》に意見を言うため、時間管理係《じかんかんりがかり》が時間をはかります。

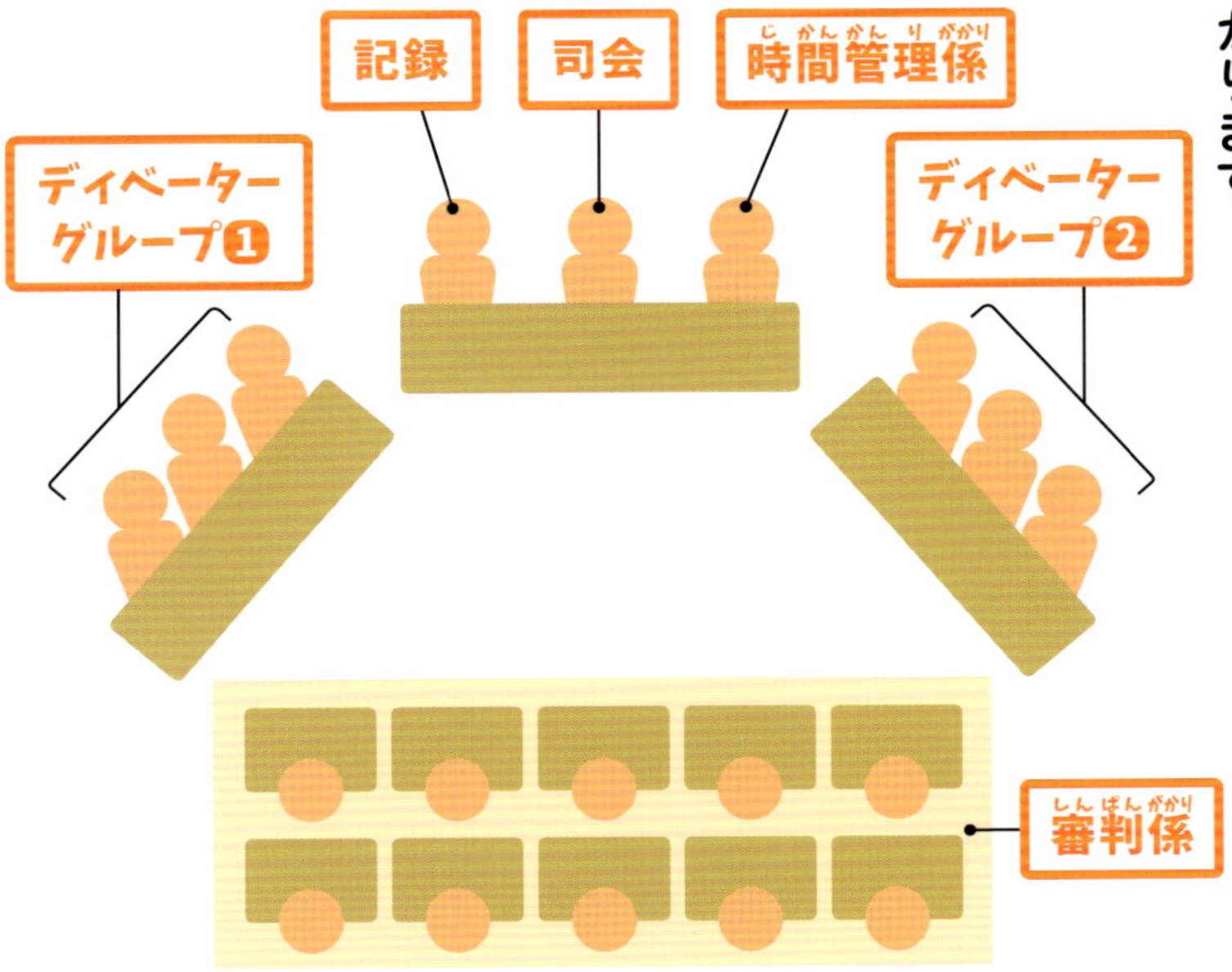

ディベートでは、意見を言えるのは、ディベーターグループの人だけです。聞き手は、審判係《しんぱんがかり》となって、どちらの意見により説得力があったかを決めます。

ディベート本番の流れ

❶ はじめ

司会がテーマと、ディベーターグループの人を紹介《しょうかい》する。

❷ 立論《りつろん》（2分ずつ）

ディベーターグループそれぞれが意見を言う。

❸ 作戦タイム（5分）

相手グループの立論《りつろん》で気になったことを話し合い、反論《はんろん》や質問《しつもん》を考える。

❹ 反論《はんろん》・質問《しつもん》（5分ずつ）

それぞれのグループが、作戦タイムで話し合った質問《しつもん》や反論《はんろん》をする。

❺ 作戦タイム（5分）

反論《はんろん》・質問《しつもん》で答えられなかったことを話し合い、説得力のある意見にまとめる。

❻ 最終弁論《さいしゅうべんろん》（2分）

それぞれの最終的な意見を発表する。

❼ 判定《はんてい》・結果発表

審判係《しんぱんがかり》が判定《はんてい》し、司会が結果を言う。

ディベートの準備《じゅんび》

テーマを確認《かくにん》する

どんなテーマでディベートをするか、全員で確認《かくにん》しましょう。二つの立場にしっかり分かれられるテーマにしましょう。

✕ 戦国武将《せんごくぶしょう》のなかで一番有能《いちばんゆうのう》な政治家《せいじか》はだれ?

○ 豊臣秀吉《とよとみひでよし》と徳川家康《とくがわいえやす》、有能《ゆうのう》な政治家《せいじか》はどっち?

これだと、戦国武将《せんごくぶしょう》はたくさんいるから、二つの立場に分かれられないよね

役割《やくわり》を決める

ディベートはゲームなので、自分の意見や希望に関係なく、くじ引きなどで役割《やくわり》を決めます。

くじ

テーマについて調べる

ディベーターは、ディベート本番に意見が言えるように、事前にテーマについて調べて書き出します。

根拠《こんきょ》として事実を伝える場合には、教科書や資料集《しりょうしゅう》で、正しい情報《じょうほう》を調べておきましょう。

●調べてわかったこと(徳川家康《とくがわいえやす》)

- 信長《のぶなが》や秀吉《ひでよし》の天下統一《てんかとういつ》に協力した。
- 秀吉《ひでよし》の死後、関ヶ原《せきがはら》の戦いで勝ち、全国の大名《だいみょう》を支配《しはい》した。
- 幕府《ばくふ》を開いたあと、古くからの家来を重要な役職《やくしょく》にした。
- うめ立てをしたり、運河《うんが》をつくったりして、江戸《えど》の町をつくりあげた。

Navi
司会や、審判係《しんぱんがかり》になった人も、議論《ぎろん》の流れがわかるように、テーマについて調べておくのだ!

自分の考えをまとめる

調べてわかったことから、有能《ゆうのう》な政治家《せいじか》と言える理由を見つけ出して、意見を組み立てましょう。

家康《いえやす》は幕府《ばくふ》を開いたあと、古くからの家来を重要な役職《やくしょく》にした

←

これって、今の政治《せいじ》で、総理大臣《そうりだいじん》が省庁《しょうちょう》の大臣を決めるのににてる! しっかり土台をつくって、政治《せいじ》を進めたんだ!

←

現在《げんざい》の総理大臣《そうりだいじん》が、省庁《しょうちょう》の大臣を任命《にんめい》するように、よく知る家来の能力《のうりょく》を見て重要な役につけ、自分の政治《せいじ》を進める土台をつくった。

チームで話し合う

ディベーターグループで集まって話し合いをして、作戦を立てておきます。

どんな流れで、何を発表するか考えましょう。グループのリーダーを決めておいてもいいでしょう。

家康《いえやす》は古くからの家来を重要な役職《やくしょく》につけて、土台をつくったところが有能《ゆうのう》だと思う
そうだね。ぼくは、江戸《えど》の町づくりをしたことも、土台をつくった大切なことだと思う。
政治《せいじ》を進めやすいように、土台をつくったところが共通だね

立論《りつろん》を組み立てる

立論《りつろん》の発表は、2分間。スピーチや演説《えんぜつ》と同じように、「初め・中・終わり」のメモをつくったり、原稿《げんこう》をつくったりしておくといいでしょう。

また、グループのなかで、話すパートを決めておきましょう。

●「初め・中・終わり」のメモ

初め	中	終わり
●家康《いえやす》は、政治《せいじ》を進めやすい土台をつくったところが有能《ゆうのう》	●古くからの家来を、重要な役職《やくしょく》につけた ●政治《せいじ》の中心地となるよう、江戸《えど》の町づくりをした	●このような政治《せいじ》の土台をかためたという点で、家康《いえやす》は秀吉《ひでよし》よりも有能《ゆうのう》な政治家《せいじか》だ

反論《はんろん》や質問《しつもん》を予想しておく

自分たちの立論《りつろん》に対して、どんな質問《しつもん》や反論《はんろん》がされるか、考えてみましょう。反論《はんろん》や質問《しつもん》を予想しておくことによって、立論《りつろん》に反論《はんろん》されやすい矛盾《むじゅん》などがないか、確認《かくにん》もできます。

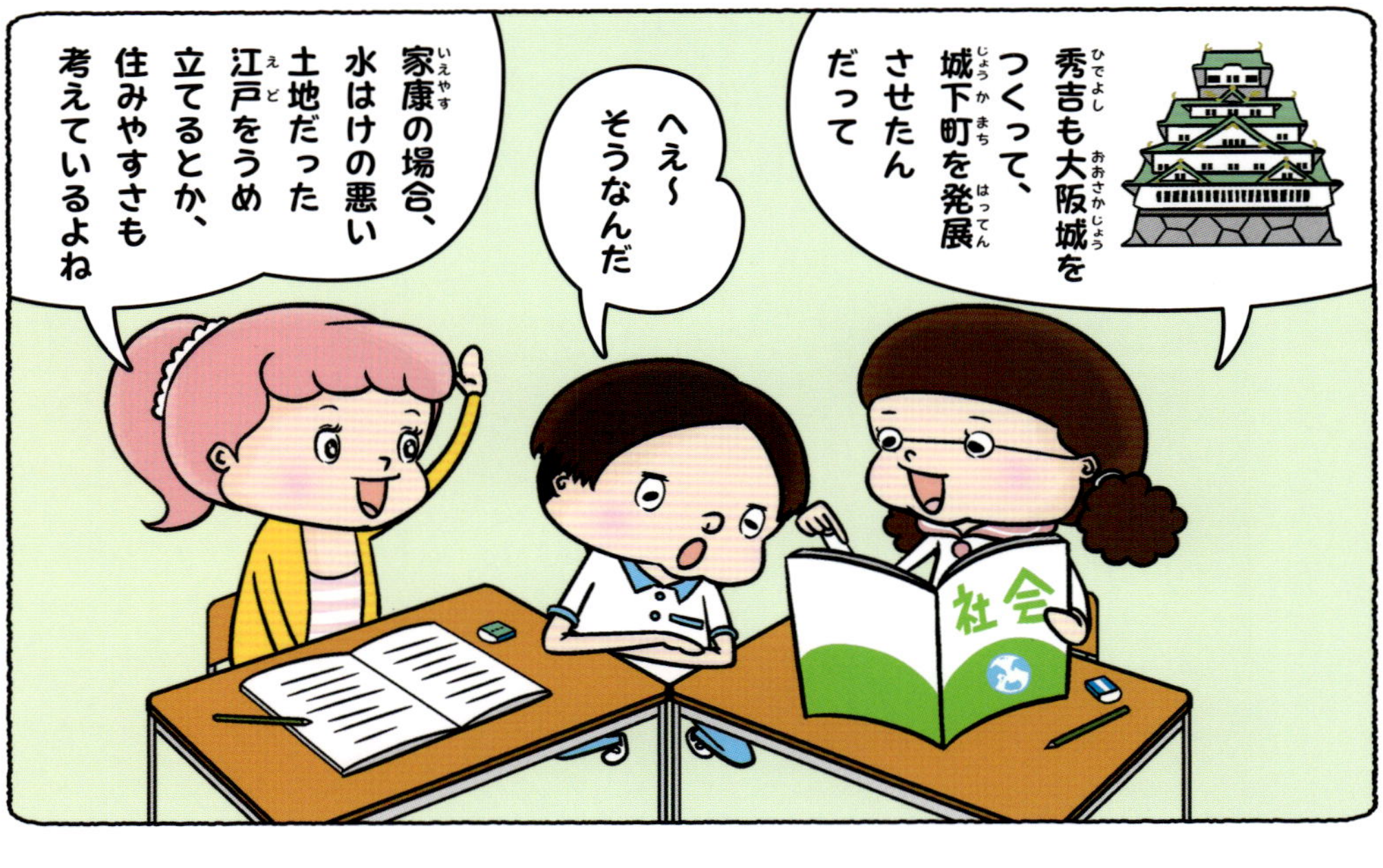
秀吉《ひでよし》も大阪城《おおさかじょう》をつくって、城下町《じょうかまち》を発展《はってん》させたんだって
へえ〜そうなんだ
家康《いえやす》の場合、水はけの悪い土地だった江戸《えど》をうめ立てるとか、住みやすさも考えているよね
社会

ディベート本番

はじめ

司会がテーマと、ディベーターグループの人を紹介《しょうかい》します。審判《しんぱん》は、ディベートシート（62ページ）や自由帳を用意して、聞きながらメモを取れるようにしましょう。

ディベートシート
テーマ：

立論《りつろん》

司会からの紹介《しょうかい》が終わったら、ディベーターグループがそれぞれ立論《りつろん》します。

それぞれのチームはどんな工夫をしているかな？
Navi

●家康派《いえやすは》の立論《りつろん》

私《わたし》は家康《いえやす》の方が政治家《せいじか》として有能《ゆうのう》だと思います。なぜなら、政治《せいじ》を進めやすくするために、まずはさまざまな土台をしっかりとつくったからです。

具体的にどんなことをしたかというと、二つあります。

一つ目は、江戸幕府《えどばくふ》を開いたときに、古くからの家来を大切な役職《やくしょく》につけたことです。総理大臣《そうりだいじん》が、志《こころざし》の近い議員を省庁《しょうちょう》の大臣に任命《にんめい》するように、しっかりまわりをかためて、政治の土台をつくったのです。

二つ目は、江戸《えど》の町づくりを積極的に行ったことです。うめ立てをしたり、運《うん》河《が》をつくったりして、住みやすい町にして、政治《せいじ》の中心地として、発展《はってん》させました。

これらの、政治《せいじ》をするための土台をしっかりとかためた、という点で、家康《いえやす》の方が、秀吉《ひでよし》よりも政治家《せいじか》として有能《ゆうのう》だったと思います。

理由として、具体的な事実を二つ挙げたよ！

●秀吉派《ひでよしは》の立論《りつろん》

私は、政治家《せいじか》として有能《ゆうのう》なのは、秀吉《ひでよし》だと思います。これまでになかった決まりをつくり、積極的に取り入れたからです。どんな決まりをつくったか、みなさんは知っていますか？ 二つ紹介《しょうかい》します。

まず、検地《けんち》です。田んぼや畑の面積や、どれくらい収穫《しゅうかく》できるかなどを調べて、耕《たがや》す人を記録しました。そうして、耕《たがや》す人に、年貢《ねんぐ》を納《おさ》めることを義務《ぎむ》づけました。

次に、刀狩《かたながり》です。農民が団結《だんけつ》して反乱《はんらん》を起こすことを防《ふせ》ぐために、刀や鉄砲《てっぽう》を取り上げました。この二つの決まりで、秀吉《ひでよし》は、効率《こうりつ》よく年貢《ねんぐ》を集めて政治《せいじ》を進める体《たい》制《せい》を整えました。

このように、秀吉《ひでよし》は積極的《せっきょくてき》に新しい制度《せいど》を取り入れて世の中を変えたので、有能《ゆうのう》な政治家《せいじか》といえると思います。

審判係《しんぱんがかり》に呼《よ》びかけて、注意をひきつけるようにしたんだ

作戦タイム

立論《りつろん》を受けて、反論《はんろん》や質問《しつもん》を考えます。グループ内で相談し合いましょう。だれがどんな質問《しつもん》や反《はん》論《ろん》をするか、決めてもいいでしょう。

反論《はんろん》・質問《しつもん》

反論《はんろん》・質問《しつもん》はそれぞれ5分ずつです。相手グループの時間が終わるまでは、反論《はんろん》・質問《しつもん》をしてはいけません。

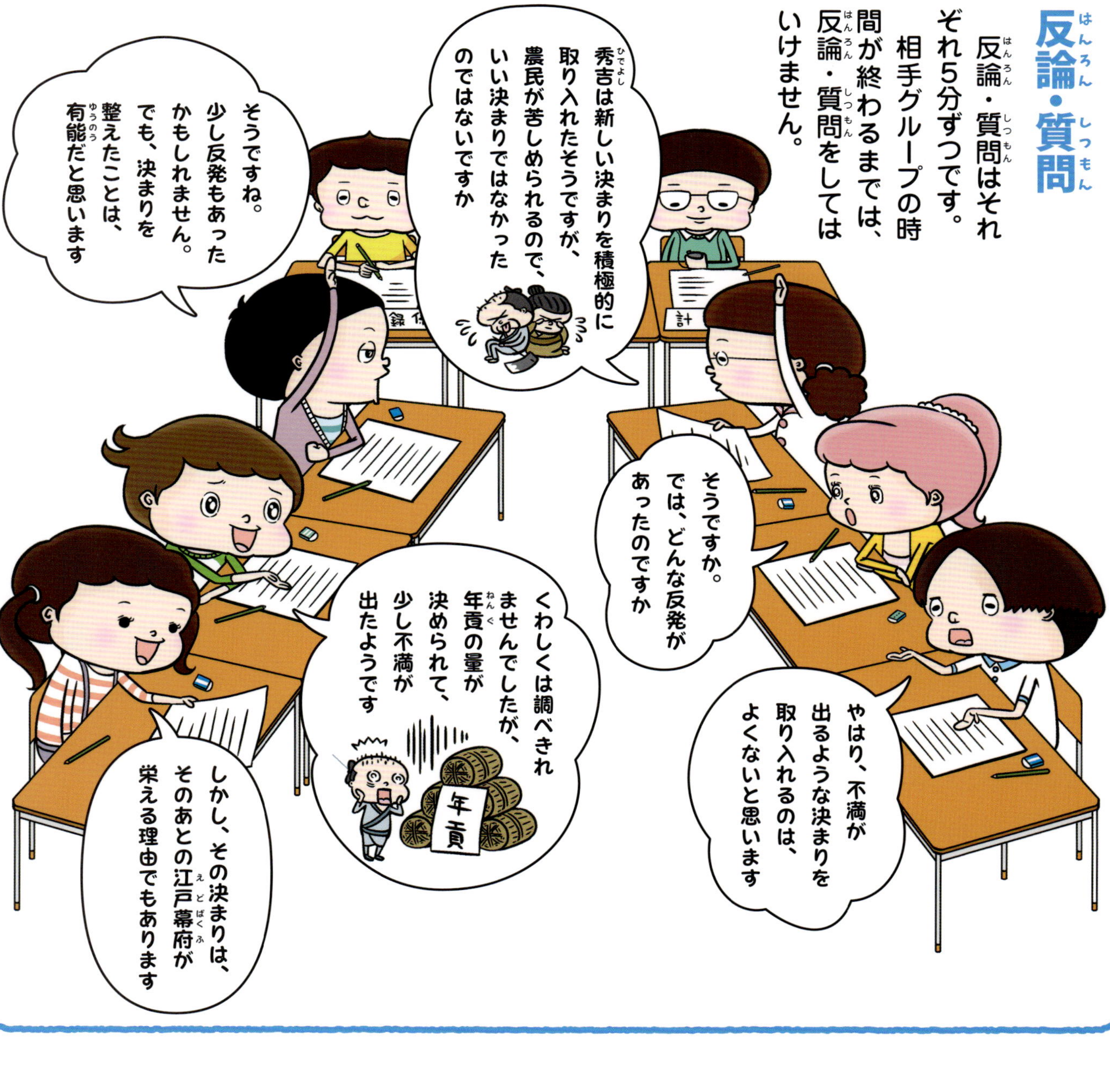

作戦タイム

相手のグループからの反論《はんろん》・質《しつ》問《もん》で、答えられなかったことについて、最終弁論《さいしゅうべんろん》でどのように意見をつけ加えられるか、グループで考えてみましょう。

また、最終弁論《さいしゅうべんろん》で話すことの流れと、だれが話すのかを決めます。

検地《けんち》と刀狩《かたながり》が農民を苦しめたって反論《はんろん》されたね
でも、実際《じっさい》のところはわからないよね…マイナスな面は教科書にはなかったなあ…
そっか！検地《けんち》と刀狩《かたながり》の功績《こうせき》は教科書に大きく取り上げられているから、それほど重要なことだって言おうよ

最終弁論《さいしゅうべんろん》

立論《りつろん》や、相手グループからの反論《はんろん》・質問《しつもん》をまとめて、最終的な意見を発表します。

●家康派《いえやすは》

私は、家康《いえやす》の方が政治家《せいじか》として有能《ゆうのう》な理由として、政治《せいじ》を進めやすくするために、土台をつくったことを説明しました。秀吉《ひでよし》派《は》からは、秀吉《ひでよし》の政治《せいじ》があったからこそ天下が取れた、という反論《はんろん》がありました。

たしかに天下を統一《とういつ》したことについては、秀吉《ひでよし》の働きが大きいと思います。秀吉《ひでよし》がいたからこそ、天下を取れたと言ってもいいでしょう。しかし、安定して政治《せいじ》を進めたところでは、家康《いえやす》の方が有能《ゆうのう》と言えるのではないでしょうか。

古くからの家来を大切な役職《やくしょく》につけたことは、総理大臣《そうりだいじん》が、いろいろな省庁《しょうちょう》の大臣を自分の党《とう》などから選ぶことに似《に》ています。さらに、町づくりは、現代《げんだい》では国などが行う事業です。

家康《いえやす》はやはり、今の政治《せいじ》でも行われているような方法で、政治《せいじ》を進めていたとも言える、有能《ゆうのう》な政治家《せいじか》ではないでしょうか。

●秀吉派《ひでよしは》

家康派《いえやすは》からいろいろな質問《しつもん》や反論《はんろん》が出ましたが、やはり私《わたし》は秀吉《ひでよし》のほうが政治《せいじ》家《か》として有能《ゆうのう》だと考えます。立論《りつろん》でも言ったように、検地《けんち》と刀狩《かたながり》という決まりを積極的に取り入れたからです。この検地《けんち》と刀《かた》狩《がり》は、私達《わたし》の使っている社会の教科書でも、大きく取り上げられるほど、重要な取り組みです。

たしかに、この二つの決まりを取り入れたことで、農民が苦しむなど、大変なこともあったかもしれません。でも、その後家《いえ》康《やす》が開いた江戸幕府《えどばくふ》でも年貢《ねんぐ》の取り立ては行っていることで、苦しんだ人がいたかもしれません。それに、こうした体制《たいせい》を整えてあったことで、家康《いえやす》の江戸幕府《えどばくふ》が長く続いたとも言え、秀吉《ひでよし》の取り組みは大きなえいきょうをあたえたと思います。

よって、世の中を変えた秀吉《ひでよし》を、わたしは有能《ゆうのう》な政治家《せいじか》だと考えます。

審判係《しんばんがかり》にアピールする最後のチャンスだぞ
Navi

判定《はんてい》・結果発表

それぞれのグループのこれまでの主《しゅ》張《ちょう》について、どちらのほうが説得力があったか、審判係《しんばんがかり》が投票します。

判定結果《はんていけっか》は、司会か審判係《しんばんがかり》の一人が発表しましょう。

また、どうしてそのグループを選んだのか、審判係《しんばんがかり》からアドバイスをする時間を設《もう》けると、ディベーターの人が自分たちのよかったところや、足りなかったところをふり返ることができます。

もっとくわしく!

話し合い方法いろいろ

ディスカッション、パネルディスカッション、ディベートなど、さまざまな話し合いがありましたね。他にもこんなものがあります。試してみましょう。

●ブレインストーミング

たくさんのアイデアを出すために、おたがいの意見をなんでも受け入れる話し合いです。企業《きぎょう》で企画会議《きかくかいぎ》をするときなどに行われます。

●グループディスカッション

4~5人のグループで話し合って、一つの意見をまとめます。就《しゅう》職活動《しょくかつどう》のときには、試験の一つとして行う会社もあります。

テーマにそってインタビューをして、報告《ほうこく》スピーチをしよう！

国語　算数　社会　理科　特別活動　体育

最高の一冊
インタビューをしたのは、谷川《たにがわ》さんのお兄さんの、健太《けんた》さんです。駅前のあかね書店でアルバイトをしています
BOOKS
駅前の本屋さんだね！
「働くってなあに?」をテーマに、それぞれの班《はん》でインタビューをしたり、調べたりして、考えを深めました。結論《けつろん》を発表します。

報告《ほうこく》スピーチって？

テーマにそって調べたことを伝えるスピーチ

報告《ほうこく》スピーチでは、テーマにそって調べたこと、考えたことを伝えます。調べる手段《しゅだん》として、本やインターネットに加えて、だれかにインタビューをしてみてもいいでしょう。

インタビューでわかること

インタビューでは、テーマについてくわしく知っている人に話を聞きましょう。インタビューをすることで、その人にしかわからないことや、「生の声」を知ることができます。

やることの流れ

1. テーマについて考える
2. インタビュー相手を決める
3. インタビューの依頼《いらい》をする
4. インタビューの準備《じゅんび》をする
5. インタビュー本番
6. 報告内容《ほうこくないよう》をまとめる
7. 原稿《げんこう》を書く
8. 練習をする
9. 報告《ほうこく》スピーチ本番
10. 報告《ほうこく》をふり返る

テーマについて考える

まずはテーマについて、自由に話し合う

今回の「働くってなあに?」というテーマについて、班《はん》のメンバーで自由にディスカッションをしてみましょう。

インタビュー相手を決める

テーマに合う人を考える

テーマについて考えたら、インタビュー相手の候補《こうほ》を出します。メンバーが疑問《ぎもん》に思っていることを答えてくれそうなのは、だれでしょうか。その人に聞きたいことはなんですか。話し合ってみましょう。

インタビューの依頼《いらい》をする

依頼《いらい》の手段《しゅだん》を考える

今回は身近な人にインタビューをしますが、会ったことの無い人にインタビューをすることもありますね。電話、メール、手紙など、どの手段《しゅだん》がいいかを調べるようにしましょう。

ホームページに、お問い合わせはメールでお願いしますって書いてあるよ
ほんとだ！

依頼《いらい》のことばを考える

連絡《れんらく》を取るときは、失礼にならないようなことばで依頼《いらい》するように気をつけます。手紙やメールの文面を先生に見てもらいましょう。また、相手の都合を考えて、インタビューの日程《にってい》は複数《ふくすう》挙げましょう。

依頼《いらい》の電話をかけるので、どのようにお願いするか、一度聞いてもらえますか
いいですよ

インタビューの準備《じゅんび》をする

インタビュー相手について調べる

インタビューをするからには、実際《じっさい》に聞いてみなくてはわからなかったことを聞き出したいですね。そのために、相手についてあらかじめ調べておきます。

書店員の仕事内容《しごとないよう》は、本やネットで調べることができたよ。健太《けんた》さんはどんな仕事をしているのかな？
書店員のお仕事

班《はん》で質問《しつもん》を出し合う

書店員の仕事を選んだ理由の他に、何が聞きたいかな？
思い切って、やめたいと思ったことがあるかも聞きたい！
やっぱり仕事のやりがいを聞きたい！

インタビューシートをつくる

質問《しつもん》を出し合ったら、制限時間《せいげんじかん》のことも考え、実際《じっさい》に聞くものを選んで、インタビューシートにまとめます。

インタビューシート

11月12日

インタビュー相手：
谷川さんのお兄さん（書店員）

- ふだんどんな仕事を担当《たんとう》している？
- 書店の仕事を選んだ理由
- 仕事のやりがいは？
- 仕事をやめたいと思ったことは？
- 「働くってなあに？」

インタビュー当日の役割《やくわり》を決める

本番前に、相手に質問《しつもん》をするインタビュアー、メモをする記録係、撮影《さつえい》をするカメラ係を決めます。

インタビュアーは二人でやってもいいでしょう。

Navi
撮影《さつえい》をするときは、相手にあらかじめ、撮影《さつえい》をしていいか聞いておくのだ

インタビュー本番

あいさつと自《じ》己《こ》紹介《しょうかい》

インタビュー相手を訪問《ほうもん》したら、まずはあいさつと自分の名前、インタビューにやってきたということを伝えます。インタビューの目的も、このときにわすれずに伝えるようにしましょう。

インタビューで話を「聞く」ときは

インタビューの「聞く」は、スピーチを「聞く」ときとは少しちがいますね。

インタビューでは、相手の言っていることを理解《りかい》しながら、ときにはそれを受けてインタビューシートにはなかったことを聞いてもよいでしょう。インタビュアー以外の人も、質問《しつもん》を思いついたら聞いてみましょう。

確認《かくにん》する

質問《しつもん》がすべて終わったら、聞きのがしたことや、わからなかったところがないか確《かく》認《にん》しましょう。もし、聞きたいことがあれば、聞いてみましょう。

インタビューのお礼を言う

インタビューの最後には、お礼を言いましょう。短く感想を伝えてもいいですね。

報告《ほうこく》内容《ないよう》をまとめる

インタビュー内容《ないよう》をまとめる

まずはインタビューで聞いたことを、班《はん》のメンバーそれぞれがまとめてみましょう。報告《ほうこく》したいと思ったことはありましたか？ また、インタビューを通して感じたことはありましたか？ 気になったことはさらに調べてみましょう。

取次《とりつぎ》ってことばから、本の流通のしくみが気になったから、調べたよ！
たくさんの人が関わっているんだね！

本の中身をつくる
著者《ちょしゃ》
文章を書く
編集者《へんしゅうしゃ》
どんな本にするか考えて、著者《ちょしゃ》たちをまとめる
デザイナー
紙面をつくる
イラストレーター
絵を描《か》く

出版《しゅっぱん》を決める
出版社《しゅっぱんしゃ》
部数と流通の方法を決める
印刷をする
印刷会社
決まった部数を印刷する
本を運ぶ
取次会社《とりつぎがいしゃ》
全国の書店へ運ぶ
書店にならぶ
書店員
店に並《なら》べて売る
BOOK

テーマについて再《ふたた》び話し合う

インタビューを終えて、テーマについて考えたことを、班《はん》で話し合いをします。自分たちなりの結論《けつろん》を出してみましょう。

本の流通を調べたら、本当にたくさんの人が関わっていて、おどろいたよ
働きはじめたら、たくさんの人と関わることがあって、それがおもしろいって言ってたね！
働くっていうのは、いろいろな人がかかわって、何かをつくったりすることなのかな？
お金をかせいで、ほしいものを買うためだけに働くんじゃないんだね

「初め・中・終わり」にまとめる

インタビュー内容《ないよう》や班《はん》で出した結論《けつろん》について、班《はん》のメンバーで話し合って、「初め・中・終わり」にまとめていきましょう。

このときに、どの部分の原稿《げんこう》を、だれが書くかを決めてもいいでしょう。

初め	中	終わり
●「働くってなあに?」について、班《はん》のみんなの最初の考え ●谷川《たにがわ》さんのお兄さん（書店員）にインタビューをして、考えを深めた。	●インタビュー内容《ないよう》のまとめ ●インタビューから調べたこと	●「働くってなあに?」班《はん》の結論《けつろん》

インタビュー前と後で、みんなの考えが変わったことがわかるようにしたよ

原稿《げんこう》を書く

「初め・中・終わり」をもとに、原稿《げんこう》を書きます。

このとき、自分の意見とともに、班《はん》のなかで出た意見をきちんと盛《も》りこむことで、個人《こじん》のスピーチとはちがう報告《ほうこく》スピーチの原稿《げんこう》になるよう気をつけます。

●初めの原稿《げんこう》

私《わたし》たちの班《はん》ではまず、働く理由について全員で話し合いました。「ほしいものを買うため、お金をもらうこと」「みんなが働いているから働く」「やりたいことをやるため」などの意見が出ました。でも、なかなか意見がまとまりませんでした。そこで、実際《じっさい》に働いている人にインタビューをすることで、考えを深めることにしました。

インタビューをしたのは、谷川《たにがわ》さんのお兄さんの健太《けんた》さんです。健太《けんた》さんは大学生で、駅前のあかね書店でアルバイトをしています。谷川《たにがわ》さんが言うには、「みんなもバイトを始めたし、そろそろ俺《おれ》もバイトすっか～」と言って、アルバイトをすることにしたそうです。

私《わたし》たちが話し合ったときに出た「みんなが働いているから働く」という意見に似《に》ていて、毎日長い時間働いている大人の人よりも、私《わたし》たちにちょっと近いかなあと思い、健太《けんた》さんにインタビューすることになりました。

●中の原稿《げんこう》

健太《けんた》さんは将来《しょうらい》、本の表紙のデザインをする「装丁家《そうていか》」になりたいから、その勉強になると思って書店で働きはじめたそうです。ふだんはレジでお会計をしたり、新しく出た本をならべたりしていて、たまに、本のおすすめコメントを書いたポップというものをつくるそうです。

書店には本を編集《へんしゅう》した人や、作家が宣伝《せんでん》をしに来るそうです。お話をして、どうやって売るか考えてポップをつくり、実際《じっさい》に売れると、とてもやりがいを感じるそうです。やめたいと思ったことはないけれど、お客さんが予約した本をまちがえて他のお客さんに売ってしまったときは店長に注意されて、落ちこんだそうです。

「働くってなあに?」と聞いてみたところ、たくさんの人と関わること、そして、お金ももらえること、と言っていました。

インタビューを終えて、本が書店にならぶまでに興味《きょうみ》を持ったので、調べてみました。

編集者《へんしゅうしゃ》という職種《しょくしゅ》の人が、どんな本をつくるか企画《きかく》して、作家さんやイラストレーターさんなどに、本の中身や表紙を考えて書いてもらいます。デザイナーさんが、文章やイラストの配置、表紙のデザインを整えます。そして、出版社《しゅっぱんしゃ》の人が部数などを決めて、印刷会社の人が印刷をします。できあがった本は、取次会社《とりつぎがいしゃ》の人が、全国の書店に運んでいます。

たくさんの人が関わっていたので、とてもおどろきました。

●終わりの原稿《げんこう》

ぼくたちの班《はん》では、インタビューと調べたことをもとに、さらに話し合いをしました。

メンバーの心に強く残っていたのは、健太《けんた》さんの「たくさんの人と関わること」ということばです。また、本が書店にならぶまでのあいだにたくさんの人が関わっていたことを知って、本だけでなく、身のまわりのものはどれも、たくさんの人が関わっていることに気がつきました。

たとえば、ぼくたちの身近な給食は、野菜などを育てる人、材料を運ぶ人、献立《こんだて》を考える人、調理する人など、たくさんの人が関わっています。

ぼくたちの班《はん》では、「働くというのは、いろいろな人とかかわって、何かをつくりあげて、人を笑顔にすること」だと、結論《けつろん》を出しました。

まだぼくは、将来《しょうらい》どんなことをしたいか考えていないけれど、大人になって働いてみたいなあと思いました。

最後はぼくの感想を入れてしめくくってみたよ

Alavi
話し合いを重ねて結論《けつろん》を出したことがよくわかるね

練習をする

原稿《げんこう》を全員で読み合う

班《はん》のメンバーで原稿《げんこう》を読み合って、確認《かくにん》しながら、練習をします。

他のメンバーが話しているときには、聞き手になったつもりで、聞いてみましょう。

また、聞きやすい発表にするために、おたがいにアドバイスをしましょう。

呼《よ》びかけのときに、クラス全体を見わたしてみたよ
いいと思う！
ぼくたちにとって、とても身近な給食の例がわかりやすかった！
ありがとう！

報告《ほうこく》スピーチ本番

報告《ほうこく》をはじめる

練習をした通りに話しはじめます。

話しはじめは、自分の声がしっかりみんなに届《とど》いているか、確《たし》かめながら話してみましょう。

私《わたし》たちの班《はん》ではまず…
働く理由について全員で…
ちょっと声が小さいかも

他のメンバーの話を聞く

自分の出番ではないときも、メンバーの話を聞くようにしましょう。

本番では、何が起こるかわからないので、メンバーがこまっているときなどに、手助けができるといいですね。

質問《しつもん》に答える

発表が終わったら、質問《しつもん》をつのります。質問者《しつもんしゃ》がどんなことを聞きたがっているのか考えて、答えるようにします。

店長に注意されたとき、なんて言われたのでしょうか…
今後は気をつけるようにと言われたそうです。そんなにおこられることはないそうですよ

質問《しつもん》をする

発表の聞き手は、もっと知りたいと思ったことを質問《しつもん》します。何が聞きたいことなのかわかるように、質問《しつもん》しましょう。

どの本のことを書いたと言っていましたか
?
健太さんが書いたポップのことですか

報告《ほうこく》をふり返る

報告《ほうこく》を通じて、どんなことを考えたか、ふり返りましょう。インタビューのとき、報告内容《ほうこくないよう》をまとめるために班《はん》のメンバーと話し合ったとき、本番で聞き手から感想や質問《しつもん》を言われたとき、他の班《はん》の報告《ほうこく》を聞いたとき……。

他《ほか》の人のことばを聞いて、自分はどう考えましたか？ 考え方は変わったでしょうか？ 新しい発見はありましたか？

インタビューをしたことで、働くことがとてもすごいことだってわかった！
他の班《はん》の保育士《ほいくし》さんのインタビュー、とても面白かった！男の人が増《ふ》えているって言ってたから、ちょっとなってみたいって思った！

もっとくわしく！

進路ってなんだろう？

進路とは、進んで行く道のこと。天気予報《てんきよほう》で、台風がこのあとどう進むのか伝えるときに、気象予報士《きしょうよほうし》が言っているのを聞いたことがあるでしょうか。

進路ということばは、台風の進む先だけでなく、私《わたし》たちの進む先、という意味でも使います。進路を考えるということは、どんな道を選び、どのように生きていくかを考えるということなのです。

どれがいいかな

小学校を卒業すると、みんな中学校に行きます。中学校を卒業すると、高校へ行く人、自分の仕事を選んで働く人もいます。そうして、みんなが少しずつ自分の道を選んで分かれていって、それぞれに歩み出します。

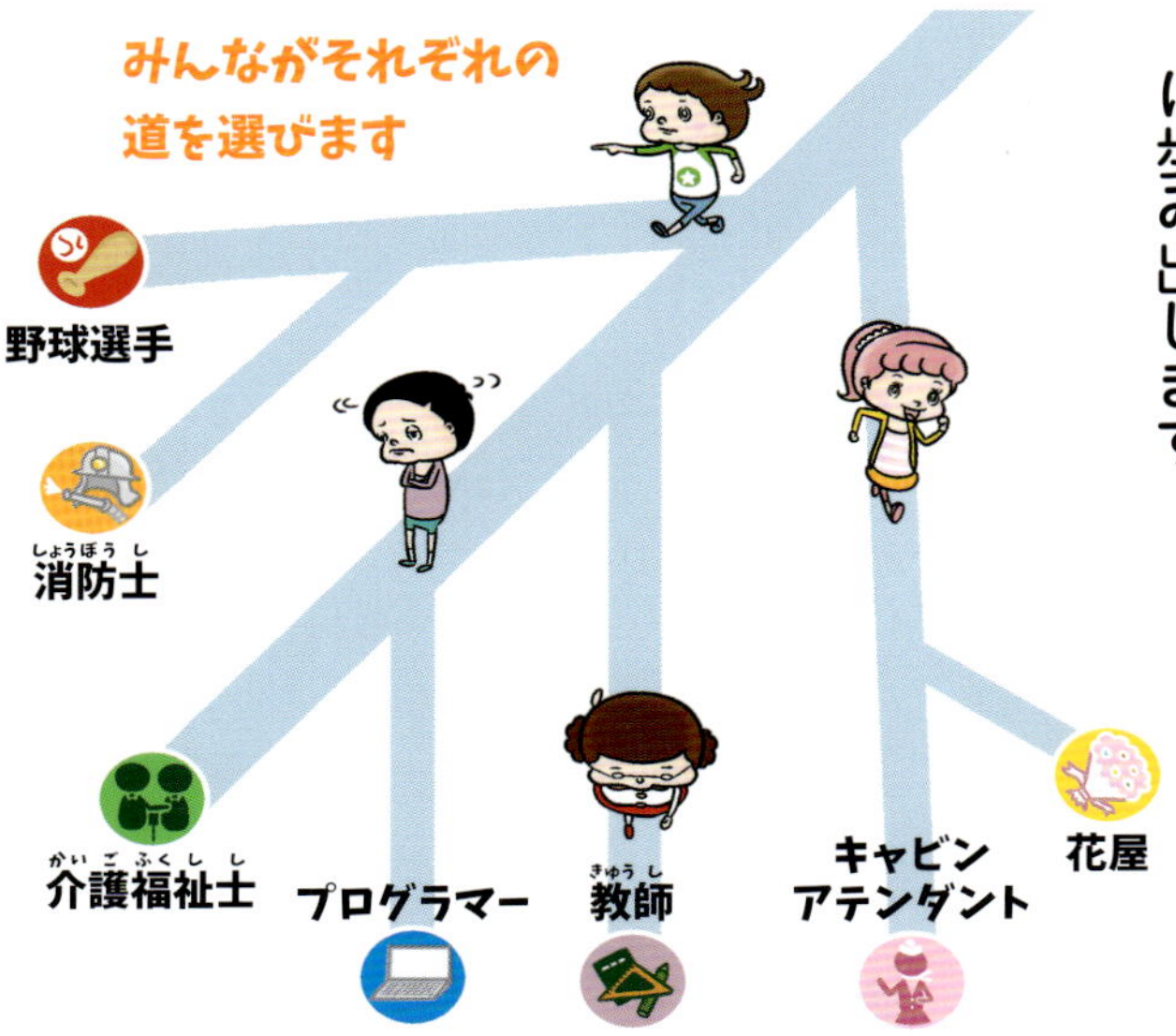
みんながそれぞれの道を選びます
野球選手
消防士《しょうぼうし》
介護福祉士《かいごふくしし》
プログラマー
教師《きょうし》
キャビンアテンダント
花屋

まだまだ先のことですが、自分がどんな進路を選ぶのか、考えてみるとおもしろいですね。

座右《ざゆう》の銘《めい》を見つけて、自分の生き方について考えよう！

私《わたし》の座右《ざゆう》の銘《めい》は、「ぼくの前に道はない、ぼくのうしろに道はできる」です
このことばは、高村光太郎《たかむらこうたろう》の「道程《どうてい》」という詩の一節です
高村光太郎《たかむらこうたろう》ってだれかな？
いいことばだなあ

自分にぴったりなことばを探《さが》して、どうして選んだのか、どんなところがいいか、クラスのみんなに伝えます。

自分の生き方や、将来《しょうらい》について伝えるスピーチ

これまでに、自分の考えを伝えるスピーチ、調べたことを報告《ほうこく》するスピーチなど、さまざまなスピーチについて、見てきましたね。最後にまとめとして、生き方や将来《しょうらい》についてのスピーチで、自分のことばを伝えてみましょう。

●座右《ざゆう》の銘《めい》って？

「座右《ざゆう》」は、自分の座《すわ》っているところの右側という意味で、身近な場所を表します。「銘《めい》」は、金属《きんぞく》のものに刻《きざ》みこまれたことばのこと。いつも身近にある、自分にとって大切なことばが、座右《ざゆう》の銘《めい》なのです。

自分に合った、どのように生きるか、どのようにあるべきかをしめしたことばを探《さが》してみましょう。

国語　算数　社会　理科　特別活動　体育

Navi
これまでのスピーチと流れはだいたい同じ。少し難《むずか》しいが、自分の生き方を考えてみるぞ！

やることの流れ

1. いろいろな名言を見つける
↓
2. 座《ざ》右《ゆう》の銘《めい》を決めて調べる
↓
3. 原稿《げんこう》を書く
↓
4. スピーチ本番

いろいろな名言を見つける

「自分には座《ざ》右《ゆう》の銘《めい》がある！」という人はきっと少ないかもしれないですね。いろいろな名言がのっている本や、インターネットを見て、探《さが》してみましょう。

また、好きな歴史上の人物やスポーツ選手がどんな名言を残しているか、調べてみてもいいでしょう。自分がどんな人になりたいか、自由に考えて、探《さが》してみましょう。

好きなアニメの登場人物の口グセ「案ずるよりうむがやすし」について、ことわざ辞典で調べてみるよ
ことわざ辞典

「ぼくの前には道はない、ぼくのうしろに道はできる」っていうことばを見つけたよ。高村光太郎《たかむらこうたろう》という人の詩の一節みたい

Navi
ネットで名言を見つけた場合は、正しいものか本でも調べてみるといいぞ！

座《ざ》右《ゆう》の銘《めい》を決めて調べる

見つけた名言について、よく調べてみましょう。どんな意味やエピソードがあるかを知り、自分の座《ざ》右《ゆう》の銘《めい》にふさわしいか確《たし》かめます。

名言を残している人物の伝記を読んでみてもいいでしょう。そのことばや、人物の生《しょう》がい、生き方から、どんなことを感じ、考えましたか？

高村光太郎《たかむらこうたろう》は、大切な奥《おく》さんを亡《な》くしたり、戦争の中を生きぬいたり、苦労の多い人生だったんだなあ
グスン
伝記

ぼくは、サッカーの試合できんちょうしたときに、「案ずるよりうむがやすし」ということばを思い出しているよ

原稿《げんこう》を書く

調べたことや、感じたこと、考えたことをまとめて、スピーチの原稿《げんこう》をつくりましょう。原稿《げんこう》を書く前に、「初め・中・終わり」にまとめてみてもいいでしょう。

座右《ざゆう》の銘《めい》に選んだことばが、昔のことばだったり、あまりなじみのないことばだったりするときは、必ずことばについての説明も入れるようにしましょう。

たとえば、「案ずるよりうむがやすし」は、「案ずる」「やすし」はふだん使わないことばだ
そういうときは、みんなにわかるように、説明が必要じゃな。辞典で調べるといいぞ
Navi
国語辞典

山中《やまなか》さんの原稿《げんこう》

高村光太郎《たかむらこうたろう》の伝記を読んで考えたことを中心に、まとめてみたよ

私《わたし》の座右《ざゆう》の銘《めい》は、「ぼくの前に道はない、ぼくのうしろに道はできる」です。このことばは、高村光太郎《たかむらこうたろう》の「道程《どうてい》」という詩の一節です。インターネットで検索《けんさく》して見つけました。高村光太郎《たかむらこうたろう》という人については、伝記《でんき》の本で調べました。

高村光太郎《たかむらこうたろう》は、詩人や彫刻家《ちょうこくか》として活躍《かつやく》した人です。大切な奥《おく》さんを病気で失い、戦争の時代を生きぬきました。つらいときを乗りこえて、失敗したときは、自分を見つめ直しました。私《わたし》はその生き方に、あこがれを感じました。

この「道程《どうてい》」の一節から、私《わたし》は、おそれずに勇気を出してふみ出すこと、自分に自信を持つこと、の二つがとても大切なのだと感じました。

これから、何か新しいことにチャレンジするときは、このことばを思い出して 勇気を出そうと思います。

木村君《きむらくん》の原稿《げんこう》

ぼくの座右《ざゆう》の銘《めい》は、「案ずるよりうむがやすし」です。「あれ？ 聞いたことあるぞ」と思った人もいますね。そうです。これはぼくの好きなアニメ「やんちゃドリーマー」の登場人物の木戸博士《きどはかせ》の口グセ「案ずるよりうむがやすしじゃよ」です。これは、もとはことわざです。

「案ずる」は、考えて心配すること。「うむ」は赤ちゃんを産む、のうむです。「やすし」は簡単《かんたん》という意味です。赤ちゃんを産む前は不安だけれど、産むと案外なんとかなるということで、なやむ前にやってみようという意味があります。

ぼくは、サッカーの試合のとき、きんちょうしてにげ出したくなるときがあります。そんなときには、「案ずるよりうむがやすしじゃよ」と木戸博士《きどはかせ》がにっこり笑っているところを想像《そうぞう》して、試合に臨《のぞ》んでいます。

みんなも知っているアニメだから、はじめに呼《よ》びかけをして、スピーチをはじめることにしたよ

スピーチ本番

自分のことばを伝える

これまでのスピーチと同じように、大きな声、聞き取りやすいスピードで、身ぶり手ぶりを交えて、話しましょう。

…自分に自信を持つこと。
この二つが……
ナンバリングに合わせて、手ぶりをつけたよ！

頭の中で思っていることをそのまま伝えるのは難《むずか》しいかもしれません。でも、話し方やことばの表現《ひょうげん》を工夫して「伝えたい！」という気持ちを持てば、きっとみんなにも届《とど》きますね。

思いつくことを書き出して、ていねいに調べ、選び取り、自分のことばを伝えていきましょう！

友だちとことばを伝え合う

友だちのスピーチに、じっくりと耳をかたむけてみましょう。友だちはどんなことばを座右《ざゆう》の銘《めい》にしているでしょうか。そして、そこからどんな生き方を見つけているでしょうか。思ったことを伝え合いましょう。

…試合に臨《のぞ》んでいます。
…質問《しつもん》や感想はありますか？
そうですね。ぼくは、サッカーをはじめたときから、いつでもこのことばを胸《むね》に練習しています
はい！
木戸博士《きどはかせ》のことばには、私《わたし》もはげまされたことがあります
いつも自信マンマンに見えたけど、試合前、きんちょうしてたんだ！
ぼくも、そのアニメ好き!!
ことわざから座右《ざゆう》の銘《めい》を選ぶのもいいんだね
ぼくも、にげそうなとき、思い出そう！
Navi
みんなそれぞれ、自分のことばを持っているね。おたがいに聞き合って、受け入れ合えるといいね！

ディベートシート

月　日 名前

テーマ：

派《は》		派《は》
	立論《りつろん》	
	反論《はんろん》・質問《しつもん》	
	最終弁論《さいしゅうべんろん》	

自分の考え	審判係《しんぱんがかり》の話し合いメモ	判定《はんてい》

※見開《みひら》きの左右両方《さゆうりょうほう》のページに同《おな》じことばが出《で》てくる場合《ばあい》は、右《みぎ》のページ数《すう》を記載《きさい》しています。

「話《はな》す・聞《き》く・書《か》く」でアクティブラーニング！

全巻《ぜんかん》さくいん

あ
アンケート …… 3巻 24
インターネット …… 2巻 40
3巻 29、50
インタビュアー …… 2巻 18
3巻 52
インタビュー …… 2巻 16、18、20、22
3巻 6、35、50、52、54、57
インタビューシート …… 2巻 17、18、20
3巻 52
ウェブページ …… 2巻 40、42
演説《えんぜつ》 …… 3巻 32、36、45
演説《えんぜつ》スピーチ …… 3巻 32、34
応《おう》えん演説《えんぜつ》 …… 3巻 35

か
仮説《かせつ》 …… 3巻 15、16
カメラ係《がかり》 …… 2巻 18
3巻 52
かんさつ …… 1巻 10、12
かんさつカード …… 1巻 10、12
かんそう・感想《かんそう》 …… 1巻 13、15、16、19、25、31
2巻 8、12、44
3巻 9、19、25
聞《き》き手《て》 …… 2巻 6、9、23、30、33、36
3巻 6、8、32、42、56
議題《ぎだい》 …… 2巻 10、12、14、24、29
議題《ぎだい》ポスト …… 2巻 10
記録係《きろくがかり》 …… 2巻 11、18、29
3巻 11、43、52
グループディスカッション …… 3巻 49
結論《けつろん》 …… 2巻 11、28
3巻 11、13、54
原《げん》こう・原稿《げんこう》 …… 1巻 16、19、29
2巻 8、17、21、22、31、32、35
3巻 8、16、23、34、45、54、56、60
原《げん》こう用紙《ようし》・原稿用紙《げんこうようし》 …… 2巻 33
3巻 8

さ
作文《さくぶん》 …… 1巻 14、19
サンドイッチ方式《ほうしき》 …… 3巻 29
司会《しかい》 …… 2巻 11、13、15、29
3巻 11、12、27、28、30、39、43、44、46
時間管理係《じかんかんりがかり》 …… 2巻 11
3巻 43
じこしょうかい・自己紹介《じこしょうかい》 …… 1巻 6、8
2巻 6、8、34
3巻 6、9、53
自己《じこ》PR《ピーアール》 …… 3巻 9
しつもん・質問《しつもん》 …… 1巻 18、25、30
2巻 9、18、23、25、28、34、36
3巻 6、9、19、25、27、29、30、45、47、48、52、56、61
出典《しゅってん》 …… 2巻 42
書記《しょき》 …… 2巻 11
3巻 11
資料《しりょう》 …… 2巻 16、22、37、42
3巻 20、24
審判係《しんぱんがかり》 …… 3巻 42、44、46、48
進路《しんろ》 …… 3巻 57
スピーチ …… 1巻 28、30
2巻 8、15、30、32、34、36
3巻 6、8、30、36、45、58、60
選挙《せんきょ》 …… 3巻 37

た
他己紹介《たこしょうかい》 …… 3巻 6
多数決《たすうけつ》 …… 2巻 15、29
3巻 13
ディスカッション …… 2巻 8、10、12、14、24、26、28、38、44
3巻 10、12、26、29、30、38、51
ディスカッションシート …… 2巻 14、46
3巻 12、40
ディベーター …… 3巻 42、44、46、49
ディベート …… 3巻 42、44、46、49
ディベートシート …… 3巻 46
投票《とうひょう》 …… 3巻 36

な
ナンバリング …… 3巻 34、49、61

は
「はじめ・中《なか》・おわり」・「初《はじ》め・中《なか》・終《お》わり」 ……
1巻 16、19、29
2巻 17、21、31、32、39、41、42
3巻 7、8、18、22、29、33、34、45、54、60
話《はな》し手《て》 …… 3巻 42
はっぴょう・発表《はっぴょう》 …… 1巻 14、16、18
2巻 16、18、20、22
3巻 16、20、24
発表《はっぴょう》スピーチ …… 2巻 16、20、22
話《はな》し合《あ》い …… 1巻 20、22、26
2巻 10、12、24、28、38
3巻 10、13、21、22、26、38、40、45、49、54、62
パネリスト …… 3巻 26、28、30
パネルディスカッション …… 3巻 26、28、30
ふせん …… 3巻 13
ふり返《かえ》り …… 2巻 35
3巻 9、31
ブレインストーミング …… 3巻 49
フロア …… 3巻 27、30
弁論《べんろん》 …… 3巻 48
方眼紙《ほうがんし》 …… 3巻 41
報告《ほうこく》 …… 3巻 20、22、54、58
報告《ほうこく》スピーチ …… 3巻 50、55、56
本《ほん》 …… 2巻 37、40、42
3巻 29、50

ま
間《ま》 …… 3巻 35
マップ …… 2巻 30、32
3巻 11

や
役所《やくしょ》 …… 2巻 45
読《よ》み手《て》 …… 2巻 42

ら
ラベリング …… 3巻 34、49
リスト …… 2巻 6、8、20、31
3巻 11、33
立論《りつろん》 …… 3巻 42、45、46、48
レポート …… 2巻 38、40、42、44
3巻 14、18

監修
水戸部修治（みとべ　しゅうじ）
文部科学省初等中等教育局教育課程課教科調査官、国立教育政策研究所教育課程研究センター総括研究官・教育課程調査官・学力調査官。小学校教諭、県教育庁指導主事、山形大学地域教育文化学部准教授等を経て、現職。『小学校国語科 言語活動パーフェクトガイド 1・2年』などの著書がある。

絵	オゼキイサム
文	酒井かおる
装丁・本文デザイン	黒羽拓明、坂本 彩（参画社）
編集	株式会社 童夢

「話す・聞く・書く」でアクティブラーニング！
5・6年生 もっと深めよう、ディスカッション

発行 2017年 4月 1日 初版

監修	水戸部修治
発行者	岡本光晴
発行所	株式会社あかね書房
	〒101-0065
	東京都千代田区西神田3-2-1
	電話　03-3263-0641（営業）
	03-3263-0644（編集）
	http://www.akaneshobo.co.jp
印刷所	吉原印刷株式会社
製本所	株式会社難波製本

ISBN 978-4-251-08245-9

NDC809
監修　水戸部修治（みとべしゅうじ）
「話す・聞く・書く」でアクティブラーニング！
5・6年生　もっと深めよう、ディスカッション
あかね書房　2017　64P　31cm×22cm

「話す・聞く・書く」でアクティブラーニング！

水戸部修治 監修

1・2年生

「自分のことばで、じこしょうかい」

「自分のことばはどんな色？」人に気持ちを伝えるときのまとめ方、書きだし方、注意点などを絵本のように見やすくまとめた1冊。

3・4年生

「書き出してまとめる、スピーチ」

「すぐにいい意見が思いつかない…」そんなときもだいじょうぶ。スピーチの準備やディスカッションの例をわかりやすく示す1冊。

5・6年生

「もっと深めよう、ディスカッション」

「演説や投票って本当の選挙みたい」話し合いの基礎から深め方、いま受ける授業の学びが将来どう役立つかのコラムも付いた1冊。